Pau

ANTICHI TESORI NEL DESERTO

Alla scoperta del Neghev cristiano

eTS
edizioni
terra santa

Progetto grafico: Elisabetta Ostini
Traduzione dall'inglese: Isabella Mastroleo

Si ringrazia l'Università Ben Gurion del Negev (Beersheva, Israele)
per la collaborazione

*Per informazioni sulle opere pubblicate
e in programma rivolgersi a:*

Edizioni Terra Santa
Via Giovanni Gherardini 5 - 20145 Milano
Tel. +39 02 34592679   Fax + 39 02 31801980
http://www.edizioniterrasanta.it
e-mail: editrice@edizioniterrasanta.it

Finito di stampare nel settembre 2013
da PressGrafica - Gravellona Toce (VB)
per conto di Fondazione Terra Santa
ISBN 978-88-6240-187-6

Alla memoria del mio caro maestro,
P. Bellarmino Bagatti, OFM

INDICE

INTRODUZIONE

Il Neghev, il deserto che ricopre buona parte del territorio meridionale della Terra Santa, è terra incognita per molti pellegrini cristiani che visitano Israele. Alcuni si spingono più a sud fino a Eilat per raggiungere il Monte Sinai, oltrepassando il confine con l'Egitto, ma anche questi viaggiatori non immaginano affatto che il deserto del Neghev, che si estende dalla piana di Beersheva fino al Mar Rosso, è altrettanto degno del loro interesse. Non sanno che questo deserto è ricco di storia e di reperti archeologici risalenti all'epoca cristiana, dalla metà del IV secolo sino alla fine del VII.

È mia intenzione, nello scrivere questo libro, condividere la conoscenza del patrimonio cristiano del Neghev e i dati storici che lo attestano con tutti coloro che, diversamente da me e dalla mia famiglia, non godono del privilegio di vivere in questa regione meridionale dello Stato d'Israele.

Fortunatamente non si tratta di mera speculazione né di semplice interpretazione personale dei reperti archeologici, ma disponiamo anche di materiale scritto riguardante la storia cristiana di questi luoghi. I nomi dei vescovi locali compaiono nei protocolli dei concili ecumenici e regionali. Esistono interessanti resoconti di antichi pellegrini che attraversavano il Neghev diretti al Monte Sinai e, nelle chiese, espressive iscrizioni funerarie e commemorative. Ci è giunto il racconto semileggendario di un giovane monaco del Sinai venduto come schiavo al mercato di una delle città della regione. Abbiamo un intero archivio di papiri del VI e VII secolo, ritrovato in uno dei vari siti archeologici, ricco di dati espliciti che parlano della vita degli abitanti cristiani del Neghev in quel particolare periodo.

Queste e altre testimonianze scritte, generalmente sconosciute ai pochi visitatori che raggiungono il deserto meridionale e restano stupiti nell'ammirarne la ricchezza archeologica, saranno argomento delle pagine seguenti, insieme a un resoconto dettagliato delle tracce della presenza cristiana risalenti a quel periodo. Il testo è illustrato da una serie di immagini fotografiche, molte delle quali scattate dal sottoscritto.

Il libro è diviso in undici capitoli. Nel primo ripercorro la storia nabatea del Neghev e l'annessione della regione all'impero romano. L'ultimo tratta dell'invasione islamica nel VII secolo d.C. e delle ripercussioni di questo evento sulla popolazione cristiana locale, destinata a scomparire.

I capitoli dal secondo al nono esaminano rispettivamente ciascuno dei principali insediamenti bizantini portati alla luce dagli scavi, offrendo un resoconto completo delle scoperte relative all'archeologia cristiana con riferimenti pertinenti a testi antichi e iscrizioni locali. Nel decimo capitolo elenco una serie di siti archeologici minori. Alcuni scavi di questi siti non sono ancora stati completati, ma in tutti sono comunque presenti aspetti interessanti che aiutano a completare il quadro dell'unico periodo storico in cui la fede cristiana poté essere apertamente professata in questa regione, senza paura di andare incontro a conseguenze politiche, sociali o personali.

Pau Figueras,
Università Ben Gurion del Neghev
Beersheva, Israele

1 LE ORIGINI NABATEE E GRECO-ROMANE

Parlando di Neghev bizantino intendo riferirmi in particolare ai resti archeologici risalenti agli antichi abitanti di città in rovina che sorgevano nella parte settentrionale di quello che è oggi il deserto meridionale dello Stato d'Israele.

Più precisamente, parlo delle famose e imponenti rovine di Avdat (Oboda Nabataea), Kurnub (Mampsis), Shivta (Sobata) e Nitzana (Nessana).

Meno conosciuti, ma non meno importanti, sono i resti di altre città dello stesso periodo, come Beersheva (la bizantina Birosaba), Halutza (la nabatea Elusa), Rehovot (Ruheibeh in arabo), Saadon (Saadi in arabo) e Aila (l'attuale Aqaba-Eilat) (fig. 1).

In tutti questi insediamenti è stato trovato un certo numero di chiese, cappelle minori, lintelli e capitelli decorati con croci e monogrammi, e molte iscrizioni greche. Ciò non lascia dubbi sul fatto che, almeno ufficialmente, l'unica religione praticata nel Neghev settentrionale durante il cosiddetto periodo bizantino fosse il cristianesimo.

L'unica testimonianza di una comunità ebraica esistente a quel tempo nell'area è stata trovata nell'antica città di Beersheva, l'insediamento più a nord tra quelli sopra citati. Sebbene risulti attualmente scomparsa,

■ FIG. I Mappa
del Neghev bizantino.

1. Abu Hof
2. Aila (Aqaba)
3. Kh. Amra
4. Tel Beersheva
5. Birosaba
6. Horvat Bodeda
7. Ein Avdat
8. Elusa
9. Gevaot Bar
10. Hatzerim
11. Horvat Hur
12. Tel Ira
13. Wadi Jaraba
14. Horvat Karkur Illit
15. Horvat Kuseife
16. Tel Malhata
17. Mampsis
18. Tel Masos
19. Mitzpe Shivta
20. Moeileh
21. Nessana
22. Oboda
23. Tel Qeraiyot
24. Ramat Matred
25. Nahal Rodes
26. Ruheibeh
27. Saadon
28. Tel Shoqet
29. Horvat Soa
30. Sobata
31. Sobila
32. Horvat Sufa
33. Metzad Yeruham
34. Tel Yeshua
35. Yotvata
36. Nahal Zetan

una colonnina del cancello di una sinagoga con un'iscrizione aramaica vi fu scoperta e resa nota prima dello scoppio della prima guerra mondiale.

Resti di sinagoghe sono stati tuttavia portati alla luce non lontano dalla piana di Beersheva, sulle pendici dei monti di Hebron. Si tratta dei siti di Rimmon, Anim, Maon, Susiya e Eshtamoa.

Ricerche e scavi archeologici hanno dimostrato che, ad eccezione di Beersheva (che risale al periodo biblico), l'origine di tutte le città sopra citate esistenti nel Neghev non va oltre il II secolo a.c., ed è certamente nabatea.

Gli abitanti delle città del Neghev durante il cosiddetto periodo bizantino (dal 324 al 640 d.c. circa) appartenevano allo stesso gruppo etnico presente nell'area prima di quell'epoca. La maggior parte di loro era di origine nabatea, ma vivevano a quel tempo sotto i dominatori bizantini.

Chi erano i Nabatei? Da dove venivano? Quando e perché cominciarono ad attraversare il deserto settentrionale del Neghev? Che lingua parlavano? Quali erano le loro origini culturali e religiose? Come scomparvero? Questi e altri interrogativi relativi a quel popolo straordinario sono intrinsecamente collegati al nostro studio sul Neghev cristiano.

I Nabatei erano un popolo arabo proveniente probabilmente dal nord della penisola arabica. Alcuni studiosi, tuttavia, ritengono che provenissero dalla Mesopotamia, l'attuale Iraq.

La Bibbia parla di Kedar e Nebaiot come dei primi figli di Ismaele (Gen 25,13) e nomina ancora Nebaiot come fratello di Macalat, una delle mogli di Esaù (Gen 28,9). Il termine *Nebaiot* compare anche nel libro di Isaia come nome di una tribù nomade recatasi a Gerusalemme per offrire sacrifici al Dio di Israele (Is 60,7).

I testi assiri citano i *Nabaiat* dell'Arabia tra i nemici di Assurbanipal e i *Nabatu* tra i nemici di Tiglathpilezer III.

Un resoconto storico più accurato del popolo nabateo si ha a partire dalla fine del IV secolo a.C., quando la provincia persiana di Yehud fu conquistata da Alessandro il Macedone e cominciò a essere chiamata *Siria Palaestina*.

Le memorie di uno dei generali di Alessandro, Geronimo di Cardia, costituiscono la fonte storica di Diodoro Siculo, scrittore e storico vissuto nel I secolo a.c. La descrizione che Diodoro fa dei Nabatei si trova nella sua *Biblioteca Storica* (XIX, 94, 2-10) e merita di essere riportata: «Per coloro che lo ignorano è utile descrivere le usanze grazie alle quali questi Arabi [i Nabatei, *ndr*] sembrano salvaguardare la loro libertà. Vivono all'aria aperta, chiamando patria un territorio disabitato senza né fiumi né sorgenti abbondanti con le quali possa dissetarsi un esercito nemico. È legge presso di loro non seminare grano né piantare alberi da frutto, non bere vino né costruire case; se per caso qualcuno viene trovato a fare queste cose, c'è per lui la pena di morte. Seguono questa legge, poiché ritengono che i possessori di questi beni, facilmente, pur di poterne godere, possano essere costretti dai potenti a sottostare ai loro ordini. Alcuni di loro allevano cammelli, altri pecore che pascolano nel deserto. Delle numerose tribù arabe che portano al pascolo nel deserto i loro greggi, questi superano di gran lunga gli altri per ricchezze e sono non più di diecimila. Non pochi di loro infatti sono soliti condurre al mare incenso, mirra e i più preziosi aromi che ricevono da coloro che giungono dall'Arabia detta Felice. Sono fortemente amanti della libertà e, quando si avvicina un forte esercito nemico, si ritirano nel deserto servendosene come di una fortezza; essendo infatti privo d'acqua, è inaccessibile per gli altri, ma offre sicuro rifugio ad essi soli, che sanno scavare nella terra dei pozzi spalmati di pece. Essendo infatti il terreno argilloso e costituito da un fondo molle, vi scavano grandi fosse con una piccolissima imboccatura e sempre più ampie in profondità, cosicché alla fine la loro grandezza è tale che ogni lato misura un plettro [circa 30 metri, *ndr*]. Dopo aver riempito questi serbatoi di

acqua piovana, ne chiudono l'imboccatura e pareggia-
no il terreno, lasciando però dei segni noti solo a loro,
ma invisibili agli altri. Abbeverano il loro bestiame ogni
tre giorni, affinché non abbia continuamente bisogno
di acqua nel caso che debbano rifugiarsi nel deserto.
Essi si nutrono di carne e di latte e di ciò che la terra
fornisce. Presso di loro viene prodotto il pepe e molto
miele, chiamato selvatico, che viene dagli alberi, che
usano come bevanda, mischiato ad acqua» (*Biblioteca
Storica*, XVIII-XX, a cura di A. Simonetti Agostinetti,
Rusconi, Milano 1988, pp. 252-253).

Diodoro racconta che l'esercito del re seleucide An-
tigono I venne quasi distrutto dai Nabatei quando una
sua armata, guidata dal generale Ateneo, fu inviata contro Petra (la roccaforte degli edomiti sulle montagne
della Transgiordania, divenuta la capitale nabatea). Ai
Greci non rimase altra scelta se non quella di rispettare
la libertà e l'indipendenza dei loro vicini nabatei.

Nel primo libro dei Maccabei leggiamo che il gran
sacerdote Giasone era fuggito dalla Giudea nel 169
a.C., rifugiandosi alla corte di Areta I, primo re dei
Nabatei (1Mac 5,25). Gli Ebrei maccabei, prima con
Giuda e poi con Gionata, divennero alleati degli Arabi
nabatei nella guerra contro i Greci (1Mac 5,25; 9,35).
Queste alleanze, tuttavia, si trasformarono in oppo-
sizione aperta verso la fine del II secolo a.C., con la
caduta della dinastia seleucide e il rafforzamento del
regno degli Asmonei.

Lo storico ebreo Giuseppe Flavio, che visse nel periodo in cui i Nabatei erano ancora indipendenti, li descrive come abitanti sulla terra che si estende dall'Eufrate
al Mar Rosso (*Antichità giudaiche* I, 22,1). Da lui apprendiamo anche che i Nabatei si opposero ad Alessandro
Ianneo (96 a.C.) durante l'assedio di Gaza (*ibid.*, XIII,
13,3) e che in seguito si schierarono con Ircano contro

■ Fɪɢ. 2 Moneta
nabatea con i volti
di Areta IV e di sua
moglie Shaqilat
(anni 18-39 d.C.).

■ Fɪɢ. 3 Retro
della moneta
di Areta IV e Shaqilat.

suo fratello Aristobulo, assediando quest'ultimo a Gerusalemme. Quest'azione provocò quindi l'intervento dei Romani (*ibid.* XIV, 1,4 f; *Guerra giudaica* I, 6,2 f).

Dopo la cattura di Gerusalemme nel 61 a.c., Pompeo attaccò il re nabateo Areta, ma non ne conquistò il territorio (*ibid.*). Nel 55 a.c. il generale romano Gabinio condusse un'altra armata contro i Nabatei (*ibid.*), quindi il re nabateo Malicos I aiutò Cesare nel 47 a.c., ma si rifiutò di aiutare Erode contro i Parti nel 40 a.c.

Antonio consegnò parte del territorio di re Malicos in dono a Cleopatra, regina d'Egitto. Il regno nabateo fu poi ulteriormente umiliato da una disastrosa sconfitta nella guerra contro Erode il Grande (31 a.c.).

Sotto Areta IV (9 a.c.-40 d.C.) (figg. 2, 3), Augusto riconobbe il regno nabateo come alleato indipendente di Roma. Areta ottenne una grande vittoria su Erode Antipa, che aveva divorziato da sua figlia per sposare Erodiade (Mc 6,17-29).

Fu a causa del governatore che rappresentava Areta a Damasco che l'apostolo Paolo dovette fuggire da quella città (2Cor 11,32-33).

Il re nabateo Malicos II aiutò i Romani durante la conquista di Gerusalemme nell'anno 70 d.C. (Giuseppe Flavio, *Guerra giudaica* III, 4,2). L'ultimo re dei Nabatei fu Rabel (71-106 d.C.).

Infine, nel 106 d.C., l'imperatore Traiano conquistò il territorio di questo popolo, trasformandolo nella nuova provincia dell'impero romano denominata Arabia, con capitale Petra.

Che cosa ne fu del nostro deserto del Neghev dopo duecento anni di storia che videro intrecciarsi la presenza di un prospero regno nabateo confinante con le decadenti dinastie seleucide e tolemaica, gli Asmonei sempre in guerra, gli invasori parti, i trionfanti conquistatori romani e, infine, gli Ebrei sconfitti?

La regione del Neghev era stata una terra desolata e attraversata da poche rotte carovaniere. I caravanserragli offrivano, lungo tali rotte, acqua e beni di conforto a uomini e animali e ciò aveva permesso ai Nabatei di sviluppare il loro lucroso commercio di mirra, incenso e altre merci preziose. Come cambiarono le cose? La descrizione di Diodoro che dipingeva i Nabatei come un popolo selvaggio e nomade, in parte impegnato ad allevare greggi e armenti e in parte a commerciare, senza abitazioni fisse né colture agricole, valeva ancora ai tempi dell'annessione romana?

In questo caso, in mancanza di documentazione storica scritta, è l'archeologia a venirci in aiuto. Sembra che il contatto costante che i Nabatei ebbero con la cultura ellenistica, particolarmente ad Alessandria d'Egitto, abbia avuto una certa influenza in ogni ambito della loro vita e cultura, e perfino nella religione.

■ Fig. 4 Petra, tomba monumentale di Ed-Deir.

Petra, centro commerciale nabateo in Transgiordania, venne splendidamente decorata con le famose e grandiose facciate delle tombe monumentali scolpite nella roccia (fig. 4).

Nello stesso granito rossastro venne intagliato anche un enorme teatro, accanto ai templi eretti in onore delle divinità nabatee, ora perlopiù assimilate a quelle del pantheon greco.

Altri templi dello stesso periodo sono stati portati alla luce in Giordania e le tipiche facciate intagliate

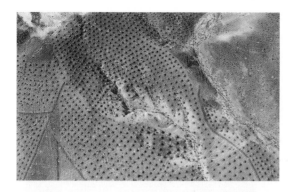

■ FIG. 5 Antica
attività agricola
nel deserto del Neghev.

■ FIG. 6 Antica
attività agricola
nel deserto del Neghev.

nella roccia si possono ammirare anche nel nord della penisola arabica.

Quanto alla vita nel deserto del Neghev, i primitivi caravanserragli cominciarono a svilupparsi in veri e propri villaggi e città, con case sontuose, templi e perfino un teatro in stile romano a Elusa. È probabile che anche prima che i Romani si appropriassero del loro proficuo commercio, questa fonte primaria di guadagno per i Nabatei avesse iniziato a essere sostituita da un ben organizzato sfruttamento agricolo dei numerosi *wadi* attorno ai loro insediamenti, del quale sono ancora ben visibili i resti (figg. 5, 6).

È ovvio che se la vita nel Neghev continuò a svilupparsi per secoli sotto i Romani e i Bizantini, fino a una o due generazioni dopo la conquista islamica del VII secolo d.C., fu principalmente grazie al sistematico e ben concepito utilizzo che i Nabatei seppero fare del loro aspro ambiente naturale.

Quanto alla cultura, una visita a Oboda (Avdat) o Elusa (Halutza) ci può facilmente convincere che anche dopo la perdita dell'indipendenza politica, i Nabatei nel Neghev preservarono intatti linguaggio, religione, correnti scultoree e la tipica ceramica.

Iscrizioni, capitelli scolpiti e lintelli decorati (fig. 7) risalenti al periodo precedente quello bizantino, attorno alla metà del IV secolo d.c., testimoniano le origini nabatee di coloro che in seguito divennero costruttori di chiese nel Neghev. La lingua dei Nabatei, che era certamente semitica, simile all'arabo e all'aramaico nella sua forma scritta, sarebbe presto stata sostituita dal più comune e internazionalmente accettato greco.

Fig. 7 Oboda, lintello nabateo.

Ciononostante, molti nomi propri di abitanti degli ultimi secoli bizantini, così come ci appaiono in numerosi epitaffi presenti nelle chiese, hanno origini nabatee. Tra questi, Abdalgos, Waelos, Saadallos, Alphios, Abdeos, Kasiseos. Anche i vescovi di Elusa del V secolo d.C. avevano nomi tipicamente nabatei, come Areta e Abdelas. Ciò a dimostrazione del fatto che né il cambiamento di religione, né quello di lingua avevano cancellato la consapevolezza del popolo di appartenere all'antica nazione nabatea.

Mi soffermerò nel prossimo capitolo sulla conversione dei Nabatei al cristianesimo. Anticipo qui semplicemente che, dal II al IV secolo, anche i Romani apportarono nuovi e importanti elementi nella lingua, nella cultura e nella religione del Neghev.

La presenza romana fu principalmente di carattere militare. Il loro esercito occupò tutte le fortezze precedentemente costruite dai Nabatei per la difesa e il controllo di vie di traffico e insediamenti.

Nella strategica città di Oboda, i resti di un vasto accampamento romano, probabilmente in origine nabateo, sono ancora chiaramente visibili (fig. 8).

L'accampamento romano di Birosaba (com'era allora chiamata l'antica Beersheva) fu l'elemento caratterizzante quella città nel periodo bizantino, come testimonia Eusebio, vescovo di Cesarea attorno alla metà del IV secolo d.C.

■ FIG. 8 Oboda, accampamento romano-nabateo.

La raffigurazione dalle linee squadrate di Birosaba nella famosa Mappa di Madaba del VI secolo d.C. (cfr. fig. 141) era certamente ispirata al suo accampamento romano, di recente identificato e parzialmente scavato.

Ampi frammenti in pietra di decreti imperiali che regolavano la tassazione degli abitanti indigeni del Neghev e delle città della Transgiordania da parte dell'esercito romano (cfr. fig. 144) sono stati scoperti tra le rovine dell'antica Beersheva agli inizi del XX secolo.

Secondo l'ordinaria procedura romana, i soldati assegnati a unità militari che stazionavano nel Neghev non dovevano essere nativi della regione. E non erano certamente nabatei.

Una scoperta casuale nei pressi delle rovine di una delle antiche fortezze di Shaar Ramon, che si estende nel cosiddetto cratere o "Maktesh" Ramon nel Neghev centrale, si è rivelata essere una statua senza testa di Atena, dea greca della guerra. La statua ha una breve iscrizione dedicatoria in greco incisa sulla base. Tuttavia, il nome del soldato autore della dedica è scritto in latino. Tale nome è seguito dalle qualifiche abbreviate del soldato: *MIL. COH. VI. HISP.*, vale a dire *Miles Cohortis Sextae Hispanorum*, "soldato della sesta coorte degli spagnoli" (fig. 9).

Secondo l'"Elenco dei funzionari romani in Oriente" (*Notitia Dignitatum Orientis*), un importante documento scritto in latino nel IV secolo d.C., i soldati romani di stanza a Birosaba erano *equites dalmati illyriciani*, vale a dire "cavalieri dalmati dell'Illiria".

Queste prove della presenza di una popolazione mista sono da tenere presenti per comprendere meglio le origini culturali e religiose degli abitanti del Neghev che, dalla metà del IV secolo d.C. in poi, ricevettero e accettarono il messaggio cristiano. Per capire in che modo avvennero le conversioni, è necessario sapere quali erano le credenze religiose dei Nabatei.

Come tutte le antiche tribù arabe, i Nabatei erano politeisti, anche se davano particolare importanza e preminenza a una divinità su tutte le altre. Questa divinità era Dushara, denominato Dusares nelle fonti e nelle iscrizioni greche (fig. 10).

Pare che in origine Dushara fosse adorato come dio del sole, ma in seguito, a causa dell'influenza ellenistica, venne associato a Dioniso, il dio greco del vino.

Altre importanti divinità nabatee erano Allat (dea della luna, in

■ FIG. 9 Statuetta di Atena greca-Allat nabatea.

seguito associata alla dea dell'amore Afrodite e alla dea della guerra Atena), el-Uzza (dea dell'acqua, anch'essa associata ad Afrodite), Manat (dea del fato) ed el-Kutba (dio della scrittura, associato a Hermes).

Le dee nabatee sopra citate erano adorate dagli Arabi già molto tempo prima dell'arrivo dell'islam, e se ne trova perfino riferimento nel Corano.

Altrettanto cari ai Nabatei erano gli dei siriani Hadad (associato al dio greco Zeus) e Atargatis (asso-

FIG. 10 Iscrizione a Dusares, probabilmente proveniente da Hippo.

ciata ad Allat ed el-Uzza). Sappiamo dell'esistenza di altri dei da fonti molto scarse, alcune letterarie, altre epigrafiche.

Ancora nel IV secolo d.c., il vescovo Epifanio di Salamina riportava che il giorno dell'Epifania cristiana gli arabi della Palestina meridionale celebravano la festa del tempio (Hajjat el-Beit): «In Alessandria, nel grande tempio di Kore - la Vergine... Lo stesso avveniva nella città di Petra, nel tempio degli idolatri. Lodavano la Vergine con inni in lingua araba e la chiamavano Kaamu, cioè Kore o vergine in arabo. E il bambino da lei partorito lo chiamano Dusares, che significa "unico figlio del Signore". E questo lo si fa anche la medesima sera nella città di Elusa (nel Neghev), come in Petra e in Alessandria».

Brevi iscrizioni nabatee, invocazioni a Dushara, Alba'ali, Aalhy, Bwbk (o Kywbk), Aziya (una dea) e Ta (probabilmente un dio locale), sono state trovate incise sulle rocce nella penisola dei Sinai.

Diverse iscrizioni greche che si riferiscono a *Zeus Oboda* e a *theos Oboda* (il dio di Oboda) sono state recuperate dal tempio nabateo (distrutto) che era stato edificato nel III secolo d.C. nella città di Oboda (Avdat). Secondo alcuni studiosi, il nome Oboda non si riferirebbe alla città omonima, ma piuttosto a re Obodas II, che sarebbe quindi stato elevato a divinità dai Nabatei.

Un aspetto molto importante della religione nabatea è il fatto che, per secoli, gli dei non vennero raffigurati come esseri umani (come quelli greci e romani), bensì rappresentati con blocchi di pietra. Le pietre erano considerate sacre in se stesse e chiamate "betili". Il betilo (o "casa di dio") era usato come rappresentazione simbolica della divinità.

I betili, blocchi squadrati scolpiti nella o dalla roccia, si trovano spesso all'interno di nicchie e sono ben noti ai visitatori di Petra. Alcuni di essi sono conosciuti anche come "idoli con gli occhi" perché rappresentano volti stilizzati con due grossi occhi (fig. 11). Li si trova anche in altre zone dell'antico territorio nabateo, compreso il Neghev.

L'uso diffuso di obelischi e steli, a volte antropomorfici, concorda con l'idea della rappresentazione aniconica delle divinità. Fu solo sotto la pressante influenza della dilagante cultura greca che bassorilievi di dei e dee, muse e grifoni, busti e statuette, e perfino intere statue marmoree (importate dall'estero) di Apollo e di Afrodite nudi furono accettati a scopo decorativo e di culto negli antichi templi nabatei.

Fɪɢ. 11 Petra, betili.

Se il tempio principale di Oboda (Avdat) era dedicato a Zeus, un'altra iscrizione greca presente nella stessa città si riferisce alla «casa (o tempio) di Afrodite».

Questo riferimento epigrafico al culto di Afrodite in Oboda (associata dai Nabatei ad Allat) è confermato da tre piccole scoperte archeologiche: alcune immagini di Afrodite ritrovate su un pendente d'oro, una lampada di porcellana e una statuetta in bronzo. Secondo il defunto professore A. Negev, che reperì questi oggetti durante i suoi scavi ad Avdat, essi risalgono tutti alla prima metà del I secolo d.C.

A. Negev fece una scoperta simile, relativa allo stesso periodo, nella città di Mampsis: un orecchino che rappresentava l'effigie di Afrodite (cfr. fig. 74).

È interessante rilevare l'esistenza di un'influenza reciproca tra la religione praticata da alcuni esponenti greco-romani dell'esercito romano di stanza nel Neghev e quella della popolazione nabatea autoctona. Un esempio tipico è la statua-bassorilievo con iscrizione rinvenuto a Sha'ar Ramon (fig. 9). L'abbozzo quadrato della testa di Medusa, simile a un betilo scolpito sul torace di Atena, è molto probabilmente un'assimilazione della dea greca della guerra alla divinità nabatea corrispondente, Allat.

Fu sullo sfondo di questa fusione tra la religione nabatea e quella greco-romana che la nuova fede cristiana cominciò a essere predicata e accettata. Le chiese sostituirono i templi pagani a partire dalla metà del IV secolo. Vennero costruiti battisteri e cappelle, e i nomi di monaci, sacerdoti e famiglie di credenti furono iscritti su epitaffi e dediche. In questo modo il loro ricordo si è preservato fino a noi.

2
ELUSA: LA CONVERSIONE DEI NABATEI AL CRISTIANESIMO

L a testimonianza più antica di una presenza cristiana nel deserto del Neghev non si deve a una scoperta archeologica, bensì a un brevissimo riferimento
scritto. Sappiamo da questa fonte che ad Aila, l'insediamento nabateo-romano più meridionale della regione
(tra le attuali città di Eilat e Aqaba), non si contava solo
la presenza di un gruppo di abitanti cristiani, ma addirittura quella di una grande e riconosciuta chiesa locale.

La firma del vescovo di Aila appare infatti tra quelle
delle autorità ecclesiastiche riunitesi a Nicea nel 325
d.C. per il primo concilio ecumenico tenutosi sotto
l'imperatore Costantino. I cristiani ad Aila erano così
numerosi da meritare un vescovo come loro guida.
Formavano dunque una vera e propria diocesi.

Fino a non molto tempo fa, non esistevano altre
fonti che confermassero l'esistenza di una comunità
cristiana ad Aila nella prima metà del IV secolo. L'archeologia non ha dimostrato con assoluta certezza la
scoperta dei resti di una chiesa risalente a un periodo
così antico (cfr. cap. 10). Solo a una fase più recente
appartengono i due capitelli scoperti dall'archeologo
Nelson Glueck, raffiguranti due santi cristiani che la
presenza di iscrizioni greche identifica come san Longino (fig. 12) e san Teodoro (fig. 13).

Il fatto che si tratti di due santi soldati e che siano
entrambi rappresentati in abiti militari potrebbe indi-

Fig. 12 San Longino su un capitello bizantino, Aila (Aqaba).

Fig. 13 San Teodoro su un capitello bizantino, Aila (Aqaba).

care che le origini del primo gruppo organizzato di cristiani vadano ricercate nell'ambito dell'esercito di Roma.

Non è un segreto che ci fossero fedeli cristiani tra i soldati romani ben prima del periodo costantiniano. Ciò è stato dimostrato non soltanto dalla presenza di sporadici graffiti cristiani trovati nei vari luoghi in cui i militi stazionavano, ma anche dalla recente scoperta di un pavimento in mosaico nel nord d'Israele, nell'antico accampamento romano di Legio, vicino a Megiddo. Le iscrizioni su questo mosaico sono databili attorno al III secolo d.C., prima della persecuzione scatenata contro i cristiani da Massimiano e Diocleziano. Attestano l'esistenza di una casa di culto cristiano per i soldati nella zona in cui il mosaico è stato trovato (fig. 14).

È abbastanza curioso che sia stato proprio Diocleziano a ordinare il trasferimento della Decima Legione Romana da Aelia Capitolina (cioè Gerusalemme) alla città-porto di Aila sul Mar Rosso.

Le storie dei due soldati martiri Longino e Teodoro sono leggendarie. Si pensa che Longino fosse il soldato romano presente alla crocifissione di Gesù che trafisse

il suo costato con la lancia. In seguito si convertì, venne battezzato e infine ucciso.

Teodoro si ritiene fosse un giovane legionario dell'Asia Minore che si rifiutò di prendere parte al culto pagano con i suoi commilitoni e fu per questo martirizzato. Come vedremo, Teodoro e un altro leggendario soldato-martire (san Giorgio) furono particolarmente amati e venerati in tutte le province orientali, in particolare in Palestina e nel Neghev.

Bisogna aspettare la metà del IV secolo perché anche il Neghev settentrionale sia raggiunto dalla fede cristiana. In questo caso, la nostra fonte di informazione è la *Vita di Ilarione* (c. 387-389), scritta in latino da Girolamo, il dinamico monaco dalmata giunto da Roma in Palestina per trascorrere il resto della propria vita a Betlemme.

Secondo Girolamo, Ilarione nacque a Thauatha, un villaggio a sud di Gaza, e fu il primo monaco della Pa-

■ Fɪɢ. 14 Iscrizioni sul pavimento a mosaico di una sala di preghiera cristiana, Legio, III secolo d.C.

lestina. Ilarione si convertì dall'idolatria alla fede cristiana in Alessandria, in seguito all'intervento di Antonio, primo monaco dell'Egitto. Sebbene fosse ancora molto giovane, la vita ascetica di Ilarione e la sua fama di saper compiere miracoli furono molto proficue per Thauatha:

«La gente accorreva in massa a lui dalla Siria e dall'Egitto, cosicché molti credettero in Cristo e si fecero monaci. Prima di sant'Ilarione non c'erano monaci in Palestina e nessuno aveva mai conosciuto un monaco in Siria. Egli fu là il fondatore della vita monastica e il maestro di quelli che l'abbracciarono in quella provincia. Il Signore Gesù aveva l'anziano Antonio in Egitto e il giovane Ilarione in Palestina» (*Vita di Ilarione*, 14).

La fama di Ilarione come persona santa e capace di operare miracoli raggiunse anche gli abitanti nabatei pagani del Neghev. Un giorno, egli si mise in viaggio per far visita a un suo discepolo che conduceva una vita monastica isolata nella regione di Qadesh Barnea, nel cuore del deserto del Sinai. Lungo la strada, Ilarione passò per Elusa (Halutza), la più importante città fondata dai Nabatei nel Neghev. Il racconto di Girolamo di questa visita apparentemente casuale è molto importante:

«Inoltre, la sua preoccupazione di non trascurare nessun fratello, per quanto umile e povero, è evidenziata dal viaggio che una volta egli [Ilarione] intraprese nel deserto di Cades per far visita a uno dei suoi discepoli. Giunse a Elusa seguito da un enorme stuolo di monaci, nello stesso giorno in cui tutta la popolazione della città si era raccolta nel tempio di Venere per la festa annua. Venerano quella dea a causa del culto di Lucifero [la stella del mattino] al quale è dedito il popolo saraceno. La città è in gran parte semibarbara, a causa della sua collocazione geografica. E così, diffusasi la voce del passaggio del santo per la città (spesso egli aveva curato molti saraceni invasati dai demoni), gli si fecero incontro in folla, accompagnati dalle mogli e dai figli, inchinando il capo e acclamando in lingua siriaca *barech*, cioè "benedici!". Ilarione, ricevendoli con dolcezza e umiltà, li scongiurava di venerare Dio piuttosto che le pietre, e intanto piangeva dirottamente guardando il cielo e promettendo di tornare da loro più spesso se avessero creduto in Cristo. Ecco la grazia straordinaria del Signore! Non lo lasciarono partire prima che tracciasse il perimetro della chiesa che sarebbe dovuta sorgere e prima che il loro sacerdote, incoronato com'era, venisse marcato con il segno di Cristo» (*Vita di Ilarione*, 25).

Questo racconto, per quanto leggendario e impreciso, contiene alcuni dettagli assai rilevanti per l'argomento che qui ci interessa. Merita quindi un'analisi più attenta.

Elusa si era sviluppata fino a diventare una vera città, una *polis* greca, secondo fonti contemporanee e successive (anche se Girolamo definisce gran parte della sua popolazione "semibarbara", perché non parlava né greco né latino). Ciononostante, fino alla metà del IV secolo, non sembra che il cristianesimo sia penetrato in questa importante città del Neghev.

La leggenda vuole che la gente di Elusa ricevette Ilarione all'urlo di *barech*, il che significa che la lingua da loro parlata era il siriaco, cioè l'aramaico, che in questo caso era il nabateo.

Anche se il nabateo era certamente la lingua del popolo, Girolamo non ci dice che Libanio, uno dei migliori retori greci di quel periodo nella città di Antioca, aveva imparato la sua arte da Zenobio, che era nato a Elusa e vi aveva studiato nella scuola di retorica. Libanio stesso ci fornisce questa informazione nelle sue lettere, scritte tra il 356 e il 359 d.C.

Si dice che Ilarione fece visita alla gente di Elusa mentre si celebrava la festa annuale della Stella del mattino nel tempio di Venere (la dea identificata con la sua controparte nabatea Allat). L'oggetto della venerazione dei fedeli non era un dio astratto o invisibile ma delle "pietre", un riferimento ai betili che rappresentavano le divinità. Ilarione perciò promise «di tornare da loro più spesso se avessero creduto in Cristo». Il racconto di Girolamo lascia intendere che la conversione dei nabatei fu praticamente istantanea, perché «non lo lasciarono partire prima che tracciasse il perimetro della chiesa che sarebbe dovuta sorgere e prima che il loro sacerdote, incoronato com'era, venisse marcato con il segno di Cristo». Sarebbe stata quella la prima chiesa costruita nel Neghev? E quel sacerdote pagano sarebbe divenuto il primo parroco?

Probabilmente le cose non si svolsero così velocemente né così facilmente come si potrebbe pensare, ma un elemento sembra certo: fu principalmente attraverso il buon esempio e l'evangelizzazione diretta dei Nabatei da parte dei monaci della regione di Gaza che il cristianesimo e le sue manifestazioni pubbliche fecero la loro prima comparsa negli insediamenti del Neghev.

Non sappiamo molto sul ruolo giocato dall'esercito romano in questo importante sviluppo, anche se è ovvio che i simboli cristiani, e forse alcune cerimonie di culto ufficiali, erano già noti alla popolazione civile proprio grazie alla presenza dei militari. Questo successe molti anni prima che i monaci svolgessero qualsiasi attività di evangelizzazione o che esercitassero una qualche influenza.

Essendo una città, Elusa divenne subito sede vescovile e fu dunque l'unico episcopato in tutto il Neghev. Non esistono prove scritte che altre città nella regione raggiunsero lo stesso status ecclesiastico.

A est di Elusa, la più vicina sede vescovile era Feinan (l'antica Punon, oggi in Giordania); a occidente, Sykamazon (oggi Sheikh Ma'azi, a sud-ovest di Gaza); a nord c'era Eleutheropolis (Beth Guvrin) sui monti della Giudea, a metà strada verso Gerusalemme; a sud c'era Aila (Aqaba-Eilat), sulla costa del Mar Rosso.

Perciò, oltre a Elusa, nessun'altra delle città fondate dai Nabatei nel Neghev settentrionale ospitava un vescovo. Se alcune iscrizioni trovate nelle chiese (come a Sobata) riportano il nome di un vescovo contemporaneo, va inteso che si trattava del vescovo di Elusa, alla cui diocesi appartenevano tutti quegli edifici.

Un'iscrizione a Nessana menziona il «Metropolita». Dobbiamo desumere che tale titolo si riferisca al vescovo di Petra, la metropolia o capitale della provincia romana a cui Nessana e tutte le altre città del Neghev centrale appartenevano.

Non ci sono fonti affidabili che attestino la presenza di un vescovo nell'antica Beersheva. Sebbene questa città fosse considerata degna di venerazione da parte dei cristiani perché, secondo la Bibbia, vi abitarono i patriarchi Abramo, Isacco e Giacobbe, la sua importanza durante i periodi romano e bizantino fu soprattutto di carattere militare.

Dalle iscrizioni greche rinvenute tra le sue rovine, apprendiamo che Beersheva dipendeva politicamente da Eleutheropolis, e possiamo quindi desumere che ne dipendesse anche dal punto di vista ecclesiastico.

Quanto ai vescovi di Elusa, di alcuni ci sono pervenuti i nomi. Il primo di cui abbiamo notizia è Teodulo o Abdellas, "servo di Dio" rispettivamente in greco e nabateo. Il suo nome compare nella lista dei vescovi che sottoscrissero le decisioni del famoso concilio ecumenico di Efeso in Asia Minore (l'attuale Turchia) nell'anno 431 d.C. Vale la pena ricordare che questo

29

Teodulo o Abdellas di Elusa fu uno dei tre vescovi delegati dai Padri del Concilio ad ammonire per la seconda volta l'eretico Nestorio.

Il secondo nome a comparire è quello di Areta (tipico nome nabateo). Fu il vescovo di Elusa che prese parte al concilio ecumenico di Calcedonia, celebrato vent'anni dopo, nel 451 d.C. Areta, con altri quindici vescovi della Palestina, presentò la dichiarazione scritta riguardante le due nature di Cristo, che fu letta durante il Concilio.

Questi dati sono molto rilevanti, non solo perché rivelano l'ortodossia degli abitanti del Neghev durante il periodo delle controversie cristologiche, ma anche perché da essi apprendiamo che anche i nativi potevano essere chiamati a ricoprire le più alte cariche ecclesiastiche nelle città del Neghev. In realtà, gli abitanti "semibarbari" erano una popolazione molto variegata, e la maggior parte di loro era abbastanza istruita da saper leggere e scrivere in greco.

Altri due vescovi di Elusa vengono menzionati in fonti scritte. Il primo di loro è Pietro, che sottoscrisse l'epistola contro Severo di Antiochia e altri eretici. Questo documento era stato stilato dal Sinodo riunito dal vescovo Giovanni di Gerusalemme nel 518. L'altro vescovo citato è Zenobio, che nell'anno 536 partecipò al Sinodo di Gerusalemme dei vescovi delle tre Palestine, indetto per contrastare Antimo e altri eretici.

Oltre a queste firme di vescovi di Elusa, che sono state conservate negli annali dei Padri che presero parte ai concili ecumenici e locali, l'archeologia ha rivelato i nomi di due altri vescovi, anche loro molto probabilmente di Elusa. Questi nomi si trovano in due iscrizioni nelle chiese di Sobata. La prima risale all'anno 517 d.C. circa ed è una dedica nella cappella adiacente alla chiesa settentrionale. Riporta il nome del vescovo sotto cui fu edificata, definendolo il «santissimo Tommaso». La seconda iscrizione, scoperta sul pavimento della chiesa meridionale, celebra il rifacimento della pavimentazione della chiesa sotto il «santissimo Giorgio, nostro vescovo». La data incisa va interpretata come il 17 dicembre 639, cioè due o tre anni dopo l'invasione musulmana. Questa iscrizione testimonia che la vita cristiana proseguì ancora normalmente nel Neghev sotto i primi governanti musulmani.

Può darsi che sia stato il vescovo Giorgio a redigere uno dei documenti scoperti a Nessana: una lettera scritta agli inizi del VII secolo a un certo padre Zonaino di Nessana, riguardante la festa di san Sergio.

A un altro vescovo di Elusa (il cui nome è ignoto) si fa riferimento nella curiosa leggenda di Teodulo. Si dice che questi era il giovane figlio di Nilo, un famoso monaco santo del Sinai che era stato governatore di Costantinopoli. Secondo la leggenda, Nilo lasciò la moglie e la figlia e, portando con sé solo il figlio Teodulo, si recò sul monte Sinai per farsi monaco. Anche la madre e la figlia abbracciarono la vita religiosa in Egitto.

In una delle loro incursioni contro i monaci che vivevano sui monti del Sinai, i Saraceni fecero prigioniero il giovane Teodulo. All'inizio pensarono di sacrificarlo ai loro dèi pagani, ma poi decisero di venderlo come schiavo al mercato di Sobata. Un sacerdote locale lo riscattò e lo portò dal vescovo di Elusa perché si mettesse al suo servizio. Il vescovo accolse Teodulo tra il suo clero e lo nominò custode della chiesa.

Nel frattempo Nilo, lasciato il monastero per cercare il figlio, cadde a sua volta nelle mani degli incursori, riuscendo però a liberarsi. Cercò Teodulo dappertutto finché alla fine lo trovò a Elusa, presso il vescovo di quella città. Il prelato restituì il figlio a suo padre e obbligò quest'ultimo a ricevere gli ordini sacri dalle sue stesse mani prima di lasciarli tornare nel Sinai.

Per lungo tempo si è ritenuto che questo racconto, ambientato nei primi anni del V secolo, non avesse alcun fondamento storico. Tuttavia, i particolari relativi alla presenza di monaci nel Sinai in quel periodo, il comportamento selvaggio di sporadici gruppi di arabi nomadi nel deserto del Sinai, il riferimento esplicito a Sobata con il suo vero nome in un manoscritto che riporta la storia (unico riferimento a questa città presente in tutta la letteratura antica) e il ruolo centrale assegnato al vescovo di Elusa nel racconto, tutto ciò rende assai plausibile un nucleo di verità storica.

Esistono altri testi contemporanei, storicamente attendibili, che descrivono la vivacità della vita cristiana a Elusa, attestando la presenza di monaci e monasteri all'interno e nei dintorni della città.

Scrivendo nel VI secolo, Giovanni Mosco nomina un certo Vittorio nel suo famoso *Prato Spirituale*. Si riferisce a lui come «esicasta nella laura di Elusa». *Esicasta*, che letteralmente significa "colui che cerca tranquillità" era un termine riferito soprattutto agli eremiti. La *laura*, invece, stava a indicare un gruppo di celle o grotte abitate da monaci che vivevano a una certa distanza l'uno dall'altro, ma sotto la guida di un superiore comune.

Altra fonte è una lunga biografia di san Teognio, vescovo di Bitilio nel Sinai settentrionale. Il suo autore è l'«abate Paolo di Elusa», succeduto a Teognio come superiore del suo monastero vicino a Gerusalemme. Paolo deve aver ottenuto il titolo di "abate" (padre) dopo una lunga permanenza in uno dei monasteri di quella città.

Una terza e più esplicita fonte dello stesso periodo sono gli scritti del cosiddetto Pellegrino di Piacenza, un anonimo pellegrino italiano che visitò quel luogo intorno al 570 d.C., mentre viaggiava verso il monte Sinai attraverso il deserto del Neghev (fig. 15). Il pellegrino racconta che il vescovo di Elusa gli parlò di una fanciulla di nome Maria, il cui marito era morto la notte stessa delle loro nozze. «La donna reagì con coraggio e, nel giro di una settimana, aveva reso la libertà a tutti i suoi schiavi e donato le sue proprietà ai poveri e ai monasteri». Quindi Maria, a quanto risulta, scomparve dalla città e fu vista vagare come eremita «nel deserto al di là del Giordano», apparentemente nella regione del Mar Morto.

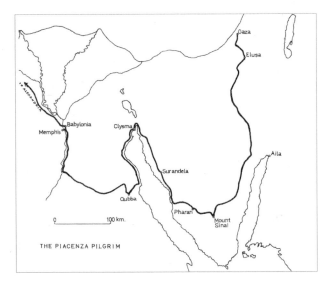

■ Fig. 15 Itinerario del cosiddetto Pellegrino di Piacenza, VI secolo.

Lo stesso pellegrino ci racconta anche la curiosa storia di come lui e i suoi compagni scoprirono «un monastero femminile da quelle parti: più di sedici o diciassette donne che vivevano in un luogo deserto nutrendosi del cibo portato loro dai cristiani. Avevano un piccolo asino per i lavori e davano da mangiare a un leone, addomesticato da quando era un cucciolo, ma enorme e terrificante a vedersi. In effetti quando ci avvicinammo alle celle cominciò a ruggire, e tutti i nostri animali urinarono dalla paura e alcuni di essi caddero perfino a terra. Ci dissero anche che il leone andava a pascolare con l'asinello. Feci loro visita con un cristiano, e lo aiutai a offrire alle suore cento scellini per i due animali, ma esse non accettarono. Egli mandò a comprare per loro a Gerusalemme trenta tonache, verdure da conservare e olio per le lampade, ed esse raccontarono i miracoli di Maria che viaggiava nel deserto. L'uomo che era con me continuò per due giorni a far visita alle monache rinnovando la sua richiesta, ma non ci disse mai se vi riuscisse o meno. Portò loro mantelli, datteri e ceste colme di ceci abbrustoliti, e lupini, e non riportò indietro nulla. Non riuscimmo a placare la sua delusione e il suo dolore. Tutto quello che ci disse fu: "Che diavolo! A cosa serve essere cristiano!"» (Wilkinson 1977, pp. 86-87).

A tutt'oggi questi sono i pochi dati che siamo in grado di evincere dalle fonti scritte. Non c'è dubbio che se si avviasse un adeguato programma di scavi nelle rovine dell'antica Elusa, si potrebbe delineare un quadro più preciso della presenza monastica nei dintorni delle più importanti città del Neghev centrale. Fino ad ora non sono emerse prove archeologiche di tale presenza, né dal rapido scavo condotto nel 1938 sul posto da H. D. Colt, né dagli scavi intrapresi da A. Negev nel 1973, 1979 e 1980, che hanno portato alla luce solo il teatro nabateo e parte della cattedrale.

Elusa era una località importante che viene riportata come una grande città sulla famosa Tavola Peutingeriana lungo la strada Gerusalemme-Aila, e sulla mappa di Madaba. Era fortificata con mura e torri, ed è indubbio che ospitasse diverse chiese nel periodo bizantino.

Nel XIX secolo il sito divenne meta di un gran numero di viaggiatori. Robinson lo identificò come l'antica Elusa già nel 1835. Una visita da parte dei padri domenicani Jaussen, Savignac e Vincent dell'École Biblique di Gerusalemme, agli inizi del XX secolo, portò alla luce diverse iscrizioni greche che attestavano una presenza cristiana nel periodo bizantino. Tuttavia, fu il professor Abraham Neghev, ex membro del vicino kibbutz Revivim, ad avviare il primo scavo parziale dell'unica chiesa esplorata finora nell'area.

■ Fɪɢ. 16 Cattedrale
di Elusa, V-VII secolo.

Le grandi dimensioni della chiesa (che all'interno misura 16,10x33,25 m), la ricchezza dei materiali da costruzione, i capitelli e la pavimentazione in marmo (fig. 16) e soprattutto la scoperta di un ben preservato piedistallo a sei gradini per la sedia vescovile (_cathedra_ in greco), collocato davanti all'abside centrale, costituiscono prove evidenti che si tratta della chiesa sede del vescovo, la cattedrale (fig. 17).

Dato che, purtroppo, il piedistallo fu in seguito oggetto di vandalismi, gli archeologi, per proteggere il sito da ulteriori distruzioni, lo ricoprirono nuovamente. Tuttavia, gli enormi capitelli corinzi sono stati salvati in tempo e oggi possono essere ammirati nel museo del kibbutz Revivim. Un pezzo di marmo decorato, casualmente ritrovato nei pressi del luogo in cui un tempo sorgeva la cattedrale, è probabilmente un frammento di quella che doveva essere la cattedra vescovile (fig. 18).

In effetti, confrontandolo dettagliatamente con un'altra cattedra vescovile meglio conservata, quella di Grado, in Italia (Gorizia), data intorno all'anno 630 d.C., è possibile supporre che il nostro frammento provenga

dai bassorilievi raffiguranti angeli a sei ali che decoravano i pannelli laterali della sedia-reliquario (fig. 19).

Non è mai stato pubblicato un resoconto esaustivo sugli scavi della cattedrale di Elusa realizzati da A. Negev nel 1979 e rimasti incompiuti. Siamo di conseguenza ignari di altre piccole scoperte che avrebbero potuto venire alla luce in quel sito. Possiamo nominare, tuttavia, il gran numero di piccole tessere in vetro recuperate dai pavimenti, testimonianza degli splendidi mosaici che decoravano le absidi e le pareti di quella chiesa.

Elusa nasconde ancora gran parte dei tesori del suo ricco passato cristiano, e per gli archeologi costituisce tuttora una sfida. Tuttavia, di tanto in tanto si fanno sporadiche scoperte. Una di esse riguarda un elegante capitello di stile nabateo, ma decorato con una croce fiancheggiata da due uccelli (fig. 20).

Diverse iscrizioni, perlopiù su pietre tombali, sono state raccolte e pubblicate da C. L. Woolley e dal suo assistente T. E. Lawrence (universalmente noto come

■ Fig. 19 Grado (Italia),
cattedra vescovile,
VII secolo.

■ FIG. 20 Elusa, capitello bizantino.

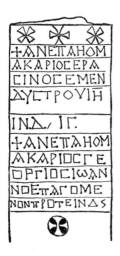

■ FIG. 21 Elusa, epitaffio bizantino.

"Lawrence d'Arabia") nel 1914. Molte altre, quasi 300, sono state scoperte e pubblicate solo molto più tardi. Alcune sono insolite, per la decorazione o per il testo.

Un'iscrizione particolare, contenente due epitaffi, si riferisce a due uomini, Erasinos e Giorgio (figlio) di Giovanni. Il riferimento all'anno della morte o della sepoltura dei due uomini non è chiaro, ma l'iscrizione è accompagnata da non meno di quattro croci di forme differenti, più due più piccole all'inizio di ciascun epitaffio (fig. 21).

Un'altra interessante iscrizione tombale recita: «Beata Nonna, la diaconessa».

Sebbene manchino di alcuni dettagli, anche i seguenti epitaffi riportano testi degni di nota:

Ricca di virtù e modestia... non visse un intero anno con la sua Theodora, figlia di Erasinos, come il Signore volle il 13 di Panemos, indizione sesta, anno 498 [602 d.C.].

+Stefano, l'8 di Panemos, indizione settima. Patrizio, il 19..., indizione ottava, anno 439 [544 d.C.]. *La tomba contiene padre e figlio. Stefano il figlio, Patrizio il padre di nome. Servirono il Martire con devozione mentre erano in vita, e quando corsero da Dio lasciarono eredi dei loro beni i poveri.*

Purtroppo non siamo in grado di identificare il "Martire" del secondo epitaffio, ma doveva essere ben noto ai cristiani di Elusa.

L'espressione «quando corsero da Dio» trae certamente ispirazione da immagini simili utilizzate da Paolo, come «ho terminato la corsa» (2Tm 4,7), «purché conduca a termine la mia corsa» (At 20,24), e «correte anche voi in modo da conquistarlo» (1Cor 9,24).

Molte delle pietre tombali rinvenute hanno una forma lievemente antropomorfa (fig. 22), comune a molti altri siti bizantini del Neghev e del Sinai settentrionale.

Pochi epitaffi ricordano il passato pagano di Elusa:

Rallegrati, Abdalga, nessuno è immortale! Anni 66, 14 del mese di Dystros.

Rallegrati, Wala, nessuno è immortale! Il 21 [del mese di]*Dystros, anno 320* [cioè il 7 marzo dell'anno 426 d.C.].

A Elusa sono stati trovati anche oggetti che ritraggono motivi originariamente pagani. Quando il mio collega Haim Goldfuss riprese nel 2000 gli scavi attorno alle tre absidi della cattedrale, fu scoperto un manufatto in osso intagliato del periodo bizantino che rappresentava un nudo di donna, probabilmente una nereide. L'immagine è ritratta nell'atto di offrire uno scrigno a un'altra figura mancante, quasi certamente Afrodite. Possiamo supporre che questo oggetto provenga dalle rovine del vicino teatro, dove era stato trovato un frammento di un altro manufatto in osso che ritraeva il dio Dioniso, nudo e con il tirso in mano.

Oltre a queste due figure, nell'area è stata rinvenuta anche una statua. Diversi anni fa, il mio amico Dan Gazit scoprì nei pressi del *wadi* Nahal ha-Besor la statua in marmo senza testa di una donna, probabilmente una dea, che indossava un abito classico. Attualmente la statua è esposta al Museo d'Israele a Gerusalemme.

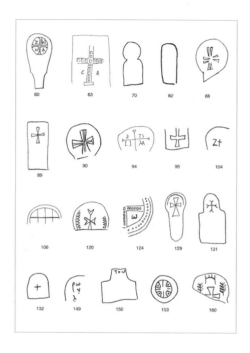

■ Fɪɢ. 22 Elusa, pietre tombali bizantine.

Questo capitolo non risulterebbe completo se non menzionassi la strana affermazione fatta da Nelson Glueck, una stimata personalità nel campo delle ricerche archeologiche nel Neghev. Glueck disse: «Là [a Elusa] risiedette anche un'influente comunità ebraica, con una propria sinagoga. Ne sono state scoperte le prove archeologiche» (Glueck 1959, p. 259). Non sono in grado di confermare l'affermazione di Glueck, sebbene alcuni passi della letteratura ebraica del periodo talmudico facciano riferimento a Elusa in termini molto positivi.

3 OBODA: LE CHIESE SOSTITUISCONO IL TEMPIO NABATEO

essun altro antico insediamento è noto ai visitatori del Neghev quanto l'antica città di Oboda,
chiamata anche Eboda in alcune fonti greche. Oggi
Oboda si chiama Avdat, come nella lingua nabatea. I
beduini locali hanno preservato il nome 'Abde.

Fig. 23 Oboda, veduta generale.

La posizione strategica di Avdat,
che sorge su una collina lungo la
quale corre la strada che attraversa il
Neghev da nord a sud fino a Eilat,
le conferisce un enorme vantaggio
in termini di accessibilità. Dalla cima
della collina, sulla quale si trovano
resti architettonici parzialmente re-
staurati dei tardi periodi nabateo,
romano e bizantino (fig. 23), i visitatori godono un'ampia vista sui *wadi*
circostanti. Le due impressionanti cisterne sotterranee scavate dai Nabatei possono essere visitate attraverso
il *wadi* a ovest del sito. In entrambe
le cisterne, il pilastro centrale che
sostiene il soffitto è arricchito da un
betilo intagliato nella pietra, una rappresentazione della divinità nabatea
Dushara. Su uno dei due betili, tuttavia, i Bizantini aggiunsero due croci

e la parola greca *BOETHON*, che è un'invocazione abbreviata a Dio Salvatore (fig. 24).

Sin dal IV secolo a.C. Oboda era una stazione carovaniera, ma di quell'epoca non rimane più nulla, al di là di alcune monete e cocci di ceramica. I resti architettonici del I secolo a.C. e del I d.C., durante il regno di Areta IV, rivelano che in quel luogo esisteva un centro religioso, un accampamento militare e un laboratorio di ceramica.

Risalenti all'inizio del III secolo d.C., i resti architettonici recuperati negli scavi archeologici del sito includono iscrizioni nabatee e greche che dimostrano che tali reperti appartenevano a un tempio nabateo che ne aveva sostituito uno precedente. Si tratta, ad oggi, dell'unica struttura chiaramente identificata come tempio nabateo nell'archeologia del Neghev. Era probabilmente dedicato al re Obodas I, che è chiamato "dio" in due iscrizioni locali (fig. 25).

Un'altra iscrizione è indirizzata a «Dusares il dio di Gaia».

Durante gli scavi della città sono emersi anche altari pagani dello stesso periodo: uno per le offerte di incenso, uno per le libagioni rituali e un terzo per i sacrifici di piccoli animali (fig. 26).

Altri oggetti pagani comprendono un pendente nabateo d'o-

▥ FIG. 24 Oboda, croci e iscrizione cristiane e betilo nabateo su una colonna di una cisterna sotterranea.

▥ FIG. 25 Oboda, iscrizione greca «al dio Obodas».

▓ FIG. 26 Oboda, pietra sacrificale nabatea.

ro che raffigura la dea el-Uzza e una lampada in ceramica decorata con il volto di Dushara (fig. 27).

Anche alcuni lintelli in pietra conservati *in situ* sono scolpiti con raffigurazioni di soggetti pagani. Uno rappresenta l'offerta di una donna nuda a una dea nuda (cfr. fig. 7). Un altro raffigura un altare come motivo centrale, tra un sole, una luna e due colonne (fig. 28).

Chi si reca oggi a visitare il sito noterà, probabilmente con una certa sorpresa, che lintelli con soggetti pagani e altri che riportano formule pagane (come *Agathe Tyche*, «in buona fortuna!», o una richiesta di aiuto a "Zeus Oboda"), nel periodo bizantino coesistevano con lintelli decorati con evidenti motivi cristiani. Ancor più sorprendente è il fatto che l'ingres-

▓ FIG. 27 Oboda, il dio Dushara rappresentato su una lampada di terracotta.

▓ FIG. 28 Oboda, lintello nabateo con un altare tra sole e luna.

Fig. 29 Acropoli di Oboda, area del tempio nabateo e delle due chiese bizantine.

Fig. 30 Oboda, portale ricostruito del tempio nabateo.

so monumentale al tempio nabateo, eretto nel III secolo d.C. sull'acropoli, sorge appena a pochi metri di
distanza dall'entrata delle due chiese bizantine rivelate
dagli scavi archeologici (fig. 29). È ovvio tuttavia che la
monumentale porta d'ingresso al tempio fu distrutta
quando, verso la fine del IV secolo d.C., sulla stessa
piattaforma vennero costruiti la chiesa settentrionale
e il suo battistero. Il portale fu in effetti ricostruito da
A. Negev durante gli scavi e l'opera di restauro che vi
condusse dal 1959 al 1961 (fig. 30).

I precedenti archeologi che furono qui, come i già citati Woolley e Lawrence (che visitarono Oboda alla vigilia della prima guerra mondiale), avevano già notato il tempio nabateo. Tuttavia, sulla planimetria del sito da loro disegnata non era indicato alcun portale monumentale. Semplicemente non esisteva quando le chiese vennero costruite.

Un aspetto interessante della chiesa settentrionale, che aveva la forma di una basilica, è la sua struttura monoabsidale sul lato orientale, con una sedia posta su un piedistallo a tre gradini al centro dell'abside per il sacerdote che presiede la liturgia. A sud dell'abside c'è una stanza quadrata, molto probabilmente usata come *diaconicon*. A nord non ci sono stanze né absidi, bensì un'uscita su uno spazio aperto. Le colonne della navata meridionale della chiesa hanno un supporto sporgente vicino ai capitelli, prova del fatto che questi ultimi sono stati presi dal tempio precedente e riutilizzati (fig. 31).

Dietro l'atrio quadrato a ovest della basilica c'è un piccolo battistero con un profondo fonte battesimale cruciforme collocato in un'alta nicchia nel muro orientale.

La chiesa meridionale è solo a pochi metri di distanza da quella settentrionale ed è separata da quest'ul-

FIG. 32 Oboda, pianta della chiesa meridionale e del monastero.

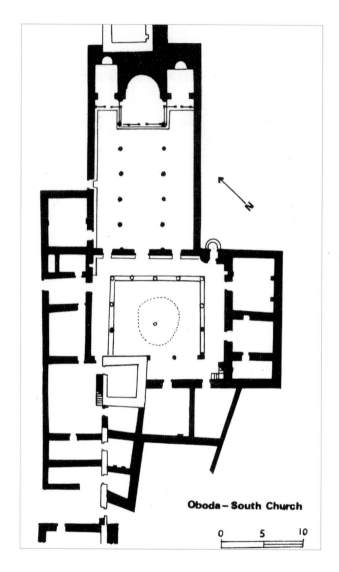

Oboda – South Church

0   5   10

tima da uno spazio aperto (figg. 29, 30). Per via della sua struttura monoabsidale (fig. 32) è possibile datare la costruzione di questa basilica intorno alla fine del V secolo d.C. La basilica era comunque pienamente fun-

▦ Fig. 33 Oboda,
pietra tombale e lastre
divisorie del cancello
della cappella laterale
nella chiesa meridionale.

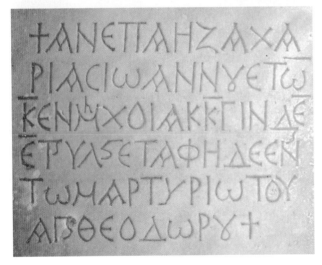

▦ Fig. 34 Oboda,
epitaffio nella
chiesa meridionale
che cita il «Martyrion
di san Teodoro».

zionale anche durante i secoli seguenti, come è dimostrato dalle iscrizioni greche presenti sul pavimento.

A nord e a sud dell'abside centrale, due cappelle a
forma quadrata si aprono sulle navate laterali della
basilica. Tuttavia le cappelle sono separate da queste
ultime dalle lastre in pietra decorata di un simbolico
cancello (fig. 33). Una nicchia coperta da una mezza
cupola sul muro posteriore di ciascuna di queste due

▥ Fɪɢ. 35 Oboda, chiesa meridionale, veduta generale.

cappelle ci conferma che erano usate per la conservazione e la venerazione delle reliquie.

La chiesa nel suo complesso era conosciuta con il nome di "Martyrion di san Teodoro". Lo sappiamo da una delle iscrizioni dell'anno 541 d.C. su una tomba posta nel pavimento della navata meridionale (fig. 34).

È dunque un dato certo che le reliquie di questo santo militare si ritenesse fossero conservate nella chiesa, probabilmente in una delle due cappelle annesse all'abside (fig. 35).

Un altro epitaffio sullo stesso pavimento è quello di un giovane:

Il beato Germano [figlio] *di Alessandro visse 17 anni e 7 mesi e morì non sposato, il 19 del mese di Dius, 14ᵃ indizione, anno 445* [cioè 25 ottobre, anno 550 d.C.].

Questa iscrizione greca è seguita da un'insolita incisione di due croci che affiancano l'Albero della Vita nella forma di una *Menorah* ebraica (fig. 36). Nell'archeologia cristiana del Medio Oriente non è l'unico caso in cui la forma della *Menorah* viene utilizzata per rafforzare l'idea che la Croce di Cristo e l'Albero della Vita sono collegati. L'esempio migliore è inciso su un lintello proveniente dal Khan Bandak, nel Golan.

Altri epitaffi della chiesa meridionale di Oboda non sono meno interessanti, perché registrano accuratamente i dettagli cronologici di trapassi e sepolture delle persone defunte:

Venne a riposare il beato Zaccaria [figlio] *di Erasino il 10 del mese di Panemos, quattordicesima indizione, nel giorno del Signore, la terza ora della notte, e fu deposto qui il terzo giorno dopo il sabato, l'ottava ora, il dodicesimo giorno di Panemos, quattordicesima indizione, nell'anno 476 secondo* [l'era di] *Elusa. O Signore, dona pace alla sua anima con i tuoi santi. Amen.*

Venne a riposare la tre volte beata Azonaine [figlia] *di Germano, il 24 del mese di Apellaius secondo* [l'era di] *Gaza, decima indizione, nel giorno del Signore alla nona ora, e secondo* [l'era di] *Elusa il 4 di Audonaius, decima indizione, del 471, e fu sepolta qui lo stesso mese Audonaius, lunedì 5, alla nona ora dello stesso anno e indizione.*

FIG. 36 Oboda, pietra tombale decorata con croci e Albero della Vita a forma di *Menorah*.

Va notato che l'era di Elusa iniziò nell'anno 106/107 dell'era cristiana, quando i territori nabatei furono annessi all'impero romano. Fu per questo anche chiamata "era degli Arabi", come si legge in uno degli epitaffi cristiani trovati a Beersheva.

I titoli che precedono i nomi contenuti negli epitaffi ci forniscono dettagli sulle qualifiche di alcuni personaggi che furono importanti per la vita di quelle chiese: la signora Azonaine, per esempio, è definita «tre volte beata».

Nell'atrio della chiesa settentrionale, in un epitaffio del 627 d.C. si legge: «Venne a riposare il beato Abbas

Fig. 37 Oboda, epitaffio di Abbas Kapito nell'atrio della chiesa meridionale.

Kapito, il presbitero, [figlio] di Erasimos...» (fig. 37).

Secondo A. Negev, che pubblicò l'iscrizione, il termine *abbas* va in questo caso interpretato come *hegoumenos*, cioè padre superiore. È un titolo che compare molte volte insieme a quello di *presbyteros* (prete) nelle iscrizioni di Nessana.

Il riferimento scritto al carattere monastico della chiesa meridionale di Oboda è assolutamente compatibile con la struttura architettonica dell'edificio. Infatti, le stanze che circondano l'atrio e la sua cisterna centrale furono costruite per ospitare un piccolo monastero. Al pianterreno erano collocati i locali di servizio, i laboratori e altri spazi comuni, come una sala da pranzo, una cucina e una sala per ricevere. Le celle e i dormitori dei monaci si trovavano invece al piano superiore.

Le planimetrie del complesso includono poi una torre di difesa nell'angolo nord-occidentale (cfr. fig. 32), caratteristica di molti edifici monastici del periodo bizantino in Palestina.

Oltre agli epitaffi citati, collocati sul pavimento della chiesa meridionale e del suo atrio, altre iscrizioni greche trovate in diverse zone di Oboda rivelano ulteriori aspetti della fede cristiana e della vita dei suoi abitanti. Sullo stipite in pietra di una porta che conduce alla chiesa meridionale, un breve graffito, probabilmente inciso da uno scalpellino, recita: «+Unico Dio. Antoninos+». L'espressione «Unico Dio» era una formula apotropaica ugualmente usata in quel periodo da cristiani, ebrei, samaritani e pagani.

Sullo stipite di un'altra porta, si legge il seguente graffito: «+... O Signore, Dio di san Teodoro, proteggi i nostri cuori... O Signore, proteggi colui che scrive». San Teodoro è anche il destinatario diretto di una preghiera su un frammento della lastra di un cancelletto.

Più interessanti sono i dipinti, oggi sbiaditi, di due santi militari sui muri intonacati di una grotta abitata. Uno di loro rappresenta il nostro san Teodoro, come afferma il graffito che lo accompagna (fig. 38). Entrambi i soldati hanno una croce sul capo. Secondo la descrizione di padre Bellarmino Bagatti, «il primo, in alto, ha la corazza e tiene con la destra la croce. Sotto è un cammello carico con il cammelliere dietro. Più in basso ancora, il secondo santo tiene con la sinistra lo scudo e la sua destra impugna l'asta con bandiera; l'asta poggia la punta sulla testa del serpente. Attaccato alla bandiera c'è un quadrupede» (Bagatti 1983, p. 205).

Il santo sopra descritto potrebbe essere san Giorgio, un santo militare molto amato nel Neghev, come vedremo.

È interessante scoprire, tra i diversi graffiti sullo stesso muro, la tradizionale espressione greca *pie zeses*, che significa: «Bevi e vivrai!». Per quanto breve, questo graffito dimostra che potrebbe esistere un legame tra gli abitanti cristiani di quel luogo remoto del Neghev e un centro importante quale Roma, dove la stessa

▓ FIG. 38 Oboda, graffiti cristiani sulla parete di una grotta destinata ad abitazione.

▥ FIG. 39 Oboda,
iscrizione dell'acrostico
ICHTHYS su un
montante di porta.

espressione è stata spesso ritrovata su vetri decorati in oro nelle tombe cristiane.

A Oboda troviamo incisa in due casi anche la parola *ICHTHYS* ("pesce" in greco). La prima incisione è sul capitello del montante di una porta (fig. 39), mentre la seconda su una pietra che faceva parte di un lintello. I primi cristiani che usavano il greco videro in quella parola un acrostico, una formula abbreviata della loro fede. Ciascuna lettera, in ordine, costituiva l'iniziale di un'altra parola:

$I(ησους)$ = Gesù
$X(ριστος)$ = Cristo
$Θ(εου)$ = di Dio
$Y(ιος)$ = Figlio
$Σ(ωτηρ)$ = Salvatore

Nel Neghev, questa famosissima iscrizione è stata scoperta solo a Oboda.

Un'altra interessante iscrizione di Oboda è stata scoperta sopra un *dolium* o *pithos,* un grosso recipiente di argilla cotta per liquidi o cibi secchi, simile a un'anfora ma molto più larga e pesante. Il contenuto di questa iscrizione in corsivo, tracciata in inchiostro rosso su due righe (fig. 40), può essere tradotto in questo modo:

«O Signore, assistici. Al diacono Germano, [mandato] dal *geron* Teodosio».

Il termine greco *geron*, "anziano", era un titolo onorifico usato presso i monaci del tempo ed è strano leggerlo in un'iscrizione. Potrebbe darsi che il recipiente, pieno di vino od olio, fosse un dono mandato dal famoso san Teodosio, il *koinobiarch* o "padre di tutti i monasteri" della Terra Santa a partire dall'anno 492. Il diacono Germano può essere stato l'*oikonomos* o amministratore di una comunità monastica a Oboda.

Possiamo a questo punto prendere in considerazione la probabilità che esistesse un legame tra i monaci cenobitici che vivevano a Oboda e i monaci eremiti che vivevano non lontano da lì, a Ein Avdat.

Siamo infatti a conoscenza della presenza dei monaci grazie al ritrovamento di quattro grotte, perlopiù scavate artificialmente nella roccia calcarea del muro settentrionale di Nahal Tzin, la gola naturale che conduce alla fonte d'acqua permanente. Per raggiungere le grotte, situate a 60 metri sul livello del letto del *wadi* e a 40 al di sotto del bordo del precipizio, vengono usati ancora oggi i gradini scavati nella roccia dai monaci (fig. 41).

▌ FIG. 41 Ein Avdat,
scalinata bizantina
che conduce
alle antiche celle.

▌ FIG. 42 Ein Avdat,
iscrizione cristiana
sulla parete
di una cella monastica.

```
      + A Γ
   + XE BNH Θ H
       + KAI KΛ
+ A ΓJ ΘEωΔOPE BO¹
+ KYP BOHΘH CO N
  TON ΔOYΛON COY
  ZAXAPIAC
```

Le quattro grotte sono state accuratamente studiate durante l'analisi archeologica del sito condotta da Z. Meshel e Y. Tsafrir per conto del Dipartimento delle Antichità d'Israele negli anni Settanta. Costituiscono una sorta di laura simile a quelle esistenti nel deserto giudaico.

La grotta n. 1 è una caverna naturale adattata ad abitazione, con due stanze. Vicino all'entrata principale, sopra la nicchia del muro probabilmente utilizzata come dispensa, nella roccia è scavata una croce.

La grotta n. 2 ha un'unica grande stanza. Appena fuori dall'entrata della caverna, nella parete di roccia è stata scavata una panchina bassa che forma una sorta di balcone affacciato sullo spettacolare panorama sottostante. Sul muro all'interno della grotta è stata trovata una breve iscrizione greca, dipinta in rosso, con un'invocazione a san Teodoro e il nome dello scrittore, Zaccaria (fig. 42). Entrambi i nomi sembrano collegare questo luogo alla chiesa meridionale di Oboda, dedicata a san Teodoro e contenente la tomba di un certo Zaccaria, come si è già visto.

La grotta n. 3 è una caverna con una sola stanza situata sette metri sopra la grotta n. 2. Scavata nel versante piatto della roccia, il suo accesso era possibile attraverso una serie di piccoli gradini scolpiti nella roccia stessa, come detto sopra. È possibile tuttavia che lo scavo di questa grotta non sia mai stato del tutto completato (fig. 43).

La grotta n. 4 è situata 20 metri a nord della grotta n. 2 e raggiunge un'altezza di 1,75 metri. Due superfici piatte all'interno sono state appositamente ricavate nella roccia per fungere da dispense per gli alimenti. Gli studiosi sono del parere che questa caverna fosse usata come cucina.

Fig. 43 Ein Avdat, grotta n. 3, una delle celle monastiche bizantine scavate nella roccia.

Oltre alle quattro grotte, la laura di Ein Avdat non comprendeva nemmeno una cappella per la preghiera comune del piccolo gruppo di monaci che vi abitavano. È dunque molto probabile che gli eremiti utilizzassero come centro spirituale la chiesa e il monastero del Martyrion di san Teodoro a Oboda. Vi si recavano una volta alla settimana per una visita comune al padre spirituale, il pranzo e la celebrazione comunitaria dell'Eucaristia.

Quanto alla presenza di monache nella città di Oboda, vi è un breve accenno in un epitaffio proveniente dal cimitero sud-occidentale, scritto per una donna di nome Maiouma a cui ci si riferisce come *parthene*. Il termine sembra indicare una "vergine consacrata" piuttosto che semplicemente una donna morta prima di sposarsi, come in altri casi.

4 SOBATA: TRE CHIESE, DUE BATTISTERI

L'antico nome di questa importante città del Neghev bizantino, chiamata oggi Shivta in Israele, era tramandato dalla tradizione beduina locale come As-Sbaita o Subeita. I papiri di Nessana si riferiscono alla città con il nome di Sobata, ed è certamente così che veniva chiamata nel periodo di nostro interesse.

Abbiamo già accennato al fatto che il nome di Sobata è menzionato anche in uno dei manoscritti dei "racconti" di Nilo. Fu al mercato di Sobata che il giovane Teodulo fu messo in vendita e infine riscattato (cfr. cap. 2).

Scoperte nel XIX secolo dagli esploratori occidentali del deserto del Neghev, le rovine di Sobata furono scavate e parzialmente restaurate tra il 1958 e il 1960 dall'archeologo israeliano Michael Avi-Yonah.

Egli ha rivelato al pubblico gli imponenti resti dei complessi di tre chiese che, per via del loro eccellente stato di conservazione, sono oggetto di grandissimo interesse da parte degli odierni appassionati di archeologia cristiana.

A giudicare dai cocci di ceramica rinvenuti negli scavi e dalla datazione relativamente tarda delle chiese, è possibile ritenere che Sobata fosse di origine nabatea.

La città, e la maggior parte delle sue strade, stalle e bacini, esisteva già quando iniziò la costruzione della chiesa meridionale, la più antica delle tre.

Fig. 44 Sobata, veduta aerea delle rovine.

La chiesa meridionale fu costruita appena al di sopra di un ampio bacino che fu probabilmente la prima struttura realizzata nell'area, attorno a cui si sviluppò l'intero insediamento. Il bacino, oggi al centro della città (fig. 44), raccoglieva l'acqua piovana che scendeva dal punto elevato più vicino (13 metri sul livello del bacino stesso). La chiesa settentrionale fu costruita in seguito proprio su questa altura (fig. 44, angolo in alto a sinistra).

La chiesa meridionale non include un atrio a ovest, come sarebbe stato normale, semplicemente perché non vi era abbastanza spazio. Al posto dell'atrio, un nartece corre lungo due dei suoi ingressi principali che si aprono a occidente (fig. 45). Un'elegante nicchia ricurva decora il lato meridionale del nartece. La nicchia ospitava originariamente una lunga anfora contenente acqua per l'uso di coloro che accedevano alla chiesa.

Quest'ultima è oggi una basilica a tre absidi (fig. 46), anche se originariamente aveva una sola abside e due sacrestie o *pastophoria* ai lati.

Le absidi sostituirono le sacrestie in un periodo successivo, probabilmente agli inizi del VI secolo d.C. Sopra le absidi si possono ancora riconoscere i resti dei pavimenti sovrastanti le navate laterali, che costituivano i matronei. L'abside che fronteggia la navata meridionale ha una caratteristica molto interessante che non si ritrova in nessun'altra chiesa bizantina del Neghev. Infatti, si possono ancora distinguere chiare tracce degli affreschi murali che la decoravano in origine (figg. 47-48). Il colore rimasto visibile è perlopiù il rosso, ma si possono riconoscere anche tracce di giallo e azzurro.

▓ Fig. 46 Sobata,
pianta della chiesa
meridionale e annessi.

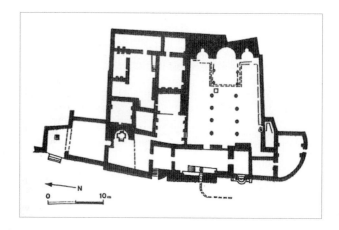

Pur essendo ancora visibili ai giorni nostri, questi dipinti murali sono passati stranamente inosservati agli occhi di molti archeologi che si sono occupati di Sobata. I primi a prenderli in considerazine furono Woolley e Lawrence, nel 1914. Molto più tardi, nel 1983, anche Bagatti ne parlò e pubblicò addirittura alcune foto, anche se li attribuì erroneamente alla chiesa centrale di Sobata.

Per quanto sbiaditi, ciò che resta dei dipinti ci permette di riconoscere senza dubbio che la scena rappresentata è la Trasfigurazione di Gesù. Al centro dell'abside, Gesù appare circondato dalla "mandorla", simbolo ovale di gloria trascendente. Ai suoi lati c'erano rispettivamente le due figure di Mosè ed Elia, in piedi. Oggi solo la figura alla destra di Gesù è appena visibile e potrebbe essere identificata con entrambi i personaggi biblici.

Possiamo confrontare questo dipinto con il ben conservato mosaico della Trasfigurazione trovato sul Sinai, in cui Elia è alla destra e Mosè alla sinistra di Gesù.

A Sobata, la figura a sinistra di Gesù è totalmente assente, come quella di Giacomo, il terzo discepolo presente alla scena. Vicino ai piedi di Gesù possiamo distinguere la figura prostrata di Giovanni, che riconosciamo per la presenza di un frammento del suo nome scritto in caratteri greci, *(Io)annis.*

È da notare che nel mosaico del Sinai la figura prostrata ai piedi di Gesù è quella di Pietro, mentre Giovanni è raffigurato in ginocchio e con le mani aperte. Ciò sta a dimostrare che l'artista di Sobata agiva indipendentemente dall'eventuale tradizione artistica.

La mia ricerca di altri esempi della medesima scena nell'arte cristiana primitiva non ha portato ad alcun risultato. Il mosaico del Sinai, datato intorno alla fine del regno dell'imperatore Giustiniano (527-565 d.C.), fu realizzato più tardi del dipinto di Sobata, che risale agli inizi del VI secolo. Di conseguenza, quest'ultimo deve essere considerato la più antica rappresentazione della Trasfigurazione oggi conosciuta.

■ FIG. 47 Sobata, chiesa meridionale, abside sud.

La figura di Pietro a Sobata si intravede dietro quella di Giovanni. Pietro è probabilmente in ginocchio, nell'atto di tendere la mano sinistra verso Giovanni, mentre regge un rotolo nella destra. Ha il volto coperto di barba. Possiamo dunque delineare un abbozzo di questa parte della scena come avrebbe potuto apparire in origine (fig. 49).

Tracce di un dipinto murale si distinguono anche sull'abside nord della chiesa meridionale di Mampsis, anche se il soggetto non è figurativo, ma solo geometrico.

■ FIG. 48 Sobata, resti di affreschi sull'abside sud della chiesa meridionale.

Adiacente alla chiesa meridionale di Sobata e comunicante con essa attraverso una porta vicina all'angolo nord-occidentale, si trova una cappella piuttosto grande. Un armadio scavato in uno dei muri rivela che questa cappella potrebbe essere stata un *diaconicon*, stanza destinata alla conservazione di libri, paramenti, calici e altri oggetti da utilizzare nelle celebrazioni liturgiche. Ai lati nord ed est della cappella si trova

■ Fig. 49 Sobata,
ricostruzione
della scena
della Trasfigurazione
nella chiesa meridionale.

un'abitazione con un cortile centrale, probabilmente la casa del sacerdote incaricato della chiesa e della sua famiglia (cfr. fig. 46).

All'esterno della chiesa, seguendo il nartece sul lato settentrionale, si incontra il battistero. Il soffitto di questa sala è stato distrutto, ma il fonte originale, un monolite cruciforme scolpito nella locale pietra calcarea, è fortunatamente rimasto intatto in un'abside che si affaccia a est (fig. 50). All'interno del fonte, tre gradini sono stati scavati lungo i bracci orientale e occidentale della croce per facilitarvi l'entrata e l'uscita dei candidati adulti al battesimo. I piccoli fori sul lato occidentale servivano probabilmente a sostenere una bassa grata o barriera di metallo per proteggere il sacro fonte.

Lo scopo del fonte più piccolo annesso al principale è ancora argomento di discussione tra gli studiosi, ma potrebbe trattarsi di un'aggiunta successiva, utilizzata come battistero per i bambini quando quello per gli adulti non era più necessario. Secondo altri potrebbe invece aver avuto una funzione più pratica, e cioè quello di lavatoio per i piedi prima di accedere al fonte battesimale.

■ FIG. 50 Sobata, chiesa meridionale, fonte battesimale.

Adiacenti al muro settentrionale della sala del battistero si osservano le rovine di un'ampia sala con colonne e una nicchia sul muro rivolto a sud (cfr. fig. 216).

A. Negev, che scavò l'intero complesso, ipotizzò che questa sala fosse una moschea con un *mihrab*, la nicchia che indica la direzione della Mecca per la preghiera islamica. La moschea potrebbe essere stata in uso fino alla fine dell'VIII secolo d.C. Potrebbe trattarsi di un'aggiunta successiva all'edificio, sistemata o annessa quando la chiesa svolgeva ancora le sue funzioni, a testimonianza della reciproca tolleranza esistente in quel primo periodo tra gli arabi conquistatori e i cristiani sottomessi (cfr. cap. 11).

L'iscrizione sul pavimento della chiesa meridionale, riferita al vescovo Giorgio di Elusa, dimostra che molti anni dopo l'invasione islamica di Sobata, ai cristiani era ancora permesso di risistemare la pavimentazione della chiesa meridionale. I visitatori potrebbero trovare interessante un blocco di pietra quadrato lungo la strada che porta dalla chiesa meridionale a quella centrale, che mostra l'abbozzo di un volto, quasi a voler raffigurare un betilo nabateo (fig. 51).

■ Fig. 51 Sobata, fronte di betilo su un'antica pietra squadrata.

■ Fig. 52 Sobata, veduta isometrica del complesso della chiesa centrale.

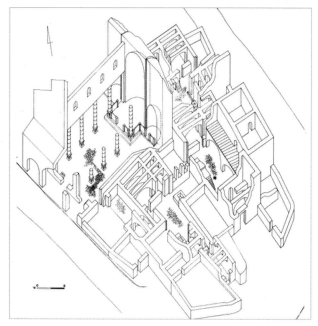

Quella centrale è certamente la più recente delle tre chiese di Sobata: fu costruita quando la strada antistante esisteva già.

Non c'era sufficiente spazio perché la chiesa avesse un atrio o un vero nartece: tra la strada e i tre ingressi

■ FIG. 53 Sobata, ingresso principale al complesso della chiesa centrale.

della basilica fu semplicemente collocato uno spazioso portico con tre arcate.

Entrando dall'ingresso principale del complesso, sul pavimento si apre una cisterna sotterranea che probabilmente esisteva prima della costruzione della chiesa.

Su questa chiesa non c'è nient'altro di particolarmente rilevante da dire, eccetto che conserva la sua originaria forma a tre absidi, non essendo stata ricostruita come la maggior parte delle altre chiese nel Neghev.

L'elemento più insolito è il complesso architettonico annesso al lato meridionale della basilica. Si tratta di tre gruppi di stanze, ciascuno disposto attorno a un cortile (fig. 52). Si distinguono tre abitazioni collegate tra loro e comunicanti con la chiesa attraverso un cancello lungo il muro meridionale. Ritengo che le tre abitazioni, originariamente indipendenti l'una dall'altra, siano state successivamente trasformate in un monastero urbano. Ciò spiegherebbe anche l'elegante entrata del complesso, con il suo lintello decorato con croci inserite in ghirlande (fig. 53).

A. Negev e altri hanno suggerito che tale complesso fosse un tempo la residenza del governatore, ma a mio parere si tratta di un'interpretazione infondata.

La più grande e sontuosa tra le chiese di Sobata è quella settentrionale. Due elementi principali ne caratterizzano la tipologia: si trattava di un monastero con una chiesa per pellegrini.

Il monastero fu eretto lungo i lati dell'atrio situato a ovest della basilica; il lato orientale dello stesso, invece, era un nartece aperto (fig. 54).

Al piano terra c'erano le sale comuni, tra cui un'ampia sala da pranzo e un'area di ricezione, ancora in parte pavimentate con mosaico bianco (fig. 56).

Ai piani superiori si trovavano le stanze private e i dormitori dei monaci, andati distrutti. All'ingresso dell'atrio, in un angolo, esiste ancora un letto di pietra.

Al suo centro, invece, c'è una piccola colonna eretta su una base quadrata al posto dell'apertura di una cisterna, come invece ci aspetteremmo (fig. 55). A. Negev e la sua studentessa Renate Rosenthal (che ha scelto questa chiesa come argomento della propria tesi) suggeriscono che la colonna sia stata eretta per commemorare il luogo in cui probabilmente viveva un santo stilita (un monaco che trascorreva la maggior parte del suo tempo su una colonna) prima che la basilica fosse costruita. Personalmente ritengo che questa interpretazione sia del tutto arbitraria.

I tre muri esterni del monastero appaiono oggi rafforzati da un'armatura in pietra, posta senza dubbio contro il rischio di terremoti.

La basilica in sé non differisce molto dalle altre due chiese di Sobata. Tuttavia, è più lunga (19x12 metri) e più sontuosa. Le sue due absidi laterali, che gli scavi hanno rivelato essere uno sviluppo architettonico successivo, fungevano da cappelle per la venerazione delle reliquie (fig. 56). Parte di un reliquiario in pietra è ancora visibile nella nicchia dell'abside nord.

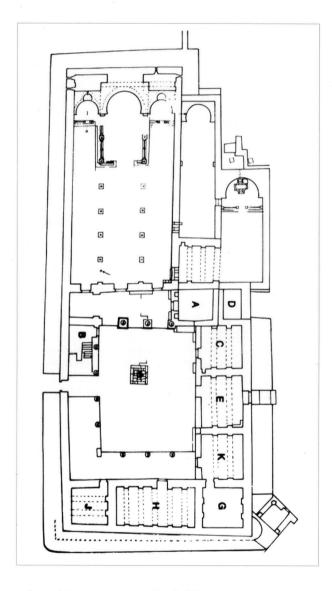

■ FIG. 54 Sobata,
pianta della chiesa
settentrionale e annessi.

In origine tutte e tre le absidi erano decorate con mosaici in vetro colorato. I mosaici sono scomparsi, ma se ne distinguono alcune tracce sulle mezze vol-

■ FIG. 55 Sobata,
atrio della chiesa nord.

■ FIG. 56 Sobata,
chiesa settentrionale,
veduta d'insieme.

te. Sono anche visibili piccoli frammenti delle tessere
in marmo bianco che un tempo ricoprivano le pareti
dell'abside.

La chiesa ha una cappella annessa e allineata al muro
esterno della sua navata meridionale. L'area interna
della cappella era originariamente racchiusa da una
transenna o piccola balaustra. Il pavimento era decorato con mosaici colorati a disegni geometrici, oggi co-

perti per protezione. È possibile che questa cappella fosse usata anche come *diaconicon*.

Vicino alla cappella, e collegata alla chiesa da una porta, c'è la cappella del battistero. Era anch'essa dotata di un'abside, sotto cui era collocato un fonte ricavato da un monolite. Questo fonte è cruciforme, come quello ritrovato nella chiesa meridionale, ma purtroppo è molto danneggiato. Un piccolo foro nella parete retrostante permetteva di riempirlo d'acqua durante le cerimonie battesimali (fig. 57).

Sull'abside danneggiata sopra il fonte, sono ancora visibili tracce delle pitture che decoravano il battistero. La scena non è riconoscibile, ma sul lato destro dell'abside distinguiamo chiaramente un volto ovale con la barba (fig. 58), che oserei identificare con quello di Giovanni Battista. La scena rappresentata, infatti, potrebbe essere quella del battesimo di Cristo nel fiume Giordano, simile a quella che ammiriamo in Italia nel battistero degli Ortodossi e in quello degli Ariani della città di Ravenna, rispettivamente del V e VI secolo.

■ FIG. 58 Sobata, resti di dipinti sull'abside del battistero della chiesa nord.

▥ Fig. 59 Sobata, epitaffio di Stefano, figlio del vicario Giovanni.

Perché in una città piccola come Sobata esistevano due battisteri? È possibile che le due chiese appartenessero a due diverse denominazioni cristiane, come l'ortodossa e la monofisita?

È vero che, a partire dalla metà del V secolo, nella Chiesa palestinese mancava chiaramente un'unità di dogma e di gerarchia, anche se non esiste alcuna fonte storica che ci possa documentare sulla reale situazione nella regione.

Sappiamo che nella non troppo distante città di Gaza e nel territorio circostante, il venerato monaco Pietro l'Iberico aveva sbilanciato l'opinione pubblica a favore dei monofisiti. Non abbiamo tuttavia ragione di pensare che fosse così anche nel cuore del deserto.

A mio parere, la presenza del battistero nella chiesa settentrionale è una prova del grande numero di pellegrini attratti da quel monastero, e del fatto che molti di loro sceglievano di celebrare proprio là il battesimo dei parenti. Non dimentichiamo che i monaci furono il principale elemento propulsore dell'evangelizzazione degli antichi Nabatei e che la loro influenza nella catechizzazione della popolazione locale e della sua cultura fu notevole ovunque si insediarono. Torneremo sull'argomento trattando dei documenti di Nessana.

La chiesa settentrionale di Sobata ha significativamente arricchito la collezione epigrafica proveniente dal Neghev cristiano. Iscrizioni in greco, perlopiù su lastre tombali, sono state ritrovate in ogni parte del complesso della chiesa: atrio, nartece, navata centrale, cappella e battistero. Alcune di esse meritano particolarmente la nostra attenzione, sia per le loro insolite espressioni cristiane, sia per i nomi e gli attributi delle persone a cui si riferiscono. Ne riportiamo alcuni esempi.

Sul pavimento della chiesa ci sono due interessanti epitaffi. Uno è quello di «Leontios, figlio di Themos, il lettore», morto nel 595 d.C. Quello di "lettore" nei servizi liturgici è uno degli ordini più bassi della Chiesa. Il secondo epitaffio appartiene alla «tre volte beata Sabina [figlia] di Giorgio [figlio] di Selaman», defunta nel 646 d.C., cioè dieci anni dopo l'invasione musulmana del Neghev.

Nel nartece c'è l'epitaffio del «tre volte beato Stefano [figlio] di Giovanni il Vicario», sempre del 646 d.C. (fig. 59). È sorprendente trovare un riferimento a un vicario, la prima autorità in una provincia romana dopo il *dux*, in un testo scritto dieci anni dopo l'inizio del governo arabo. È inoltre importante rilevare che non è l'unico riferimento a un vicario governativo nelle iscrizioni di Sobata. A. Negev ha studiato l'argomento ed ecco come ha sintetizzato la sua ricerca: «Nella stessa Sobata il vicario è menzionato in cinque iscrizioni… Sembra che le iscrizioni si riferiscano ad almeno due diversi vicari, un Flavio Giovanni figlio di Stefano, all'inizio del VI secolo, e l'altro, Giovanni, attivo nella prima metà del VII secolo. Il secondo vicario, almeno, era un residente di Sobata» (Negev 1981, pp. 90-91).

Nell'atrio della chiesa si fa riferimento a due uomini chiamati Kasiseos, tipico nome nabateo. Uno era figlio di Stefano, l'altro di Abdalgos, anch'esso nabateo. Un altro uomo ivi sepolto era un certo «Sergio figlio di Beniamino di Pharan». Beniamino non era un nome comune nella Palestina bizantina. Pharan si trovava nella parte occidentale della penisola del Sinai.

Nella cappella del battistero sono stati trovati non meno di otto epitaffi. Uno è quello di Abraamios, figlio del primo «Giovanni il vicario» sopra menzionato. Dopo aver trascorso 52 anni in questa vita, «fu portato a vivere con gli ineffabili [?]». Il testo greco utilizza un'espressione non chiara (fig. 60).

■ FIG. 60 Sobata, epitaffio di Abraamios, figlio del vicario Giovanni.

■ FIG. 61 Sobata, epitaffio del tre volte beato sacerdote Giovanni, figlio di Stefano.

■ FIG. 62 Sobata, epitaffio del tre volte beato Arsenio, figlio di Abraamios, monaco e prete.

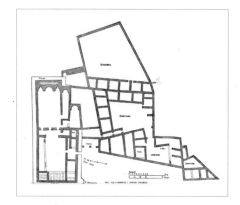

■ FIG. 63 Sobata,
pianta della chiesa
nord, monastero
e laboratori agricoli.

■ FIG. 64 Sobata,
decorazione con croce
e "giglio" nel torchio
vicino alla chiesa
settentrionale.

La maggior parte degli altri epitaffi nel battistero riguardano sacerdoti: Stefano (figlio) di Giorgio; Stefano (figlio) di Boethos, che «venne a riposare, riposando tra i santi»; Giovanni (figlio) di Stefano, sacerdote, che «ha terminato la corsa e fu deposto qui…, avendo servito la Chiesa in Cristo» (fig. 61); Boethos (figlio) di Stefano; Salaman (figlio) di Themos. C'è anche un epitaffio di un monaco, il «tre volte beato Arsenius [figlio] di Abraamios, monaco e sacerdote» che «fu deposto in Cristo, riposando tra i santi» e al quale «il Signore della Gloria concederà riposo» (fig. 62).

Un'altra iscrizione viene da una cappella collocata tra la chiesa e il battistero. È una dedica che riguarda il mosaico della pavimentazione:

Quest'opera è stata completata sotto il santissimo vescovo Tommaso, per incarico di Giovanni, sacerdote, e dell'illustrissimo vicario Giovanni, nel mese di Daesius, decima indizione.

Questa iscrizione risale probabilmente all'anno 517 d.C. Tommaso era il vescovo della diocesi di Elusa, a cui apparteneva Sobata. Il vicario Giovanni era il primo dei due Giovanni sopra menzionati. Il titolo "illustrissimo" (*lamprótatos* in greco) era ufficialmente riferito al grado di vicario di una provincia, in questo caso la Palaestina Tertia, nell'amministrazione bizantina.

Più difficili da interpretare sono il titolo e il grado dei funzionari che vengono chiamati *priores* (termine latino scritto in caratteri greci), citati in un'iscrizione trovata nella chiesa settentrionale:

+ *Con* [l'aiuto di] *Dio quest'opera è stata terminata al tempo dell'illustrissimo priore e al tempo di Flavio Giovanni* [figlio] *di Stefano, il vicario, terza indizione, il 13 del mese di Hyperberetaius, nell'anno 400* +.

Qui l'anno dell'era araba corrisponde al 505 d.C. È la più antica iscrizione rinvenuta a Sobata. Potrebbe riferirsi alla costruzione di un edificio laico, dato che non vi si nominano funzionari della Chiesa.

Altre due interessanti iscrizioni hanno un carattere biblico. La prima, scritta su un mosaico mostrato ai padri S.J. Saller e B. Bagatti del convento della Flagellazione a Gerusalemme, riportava i nomi di quattro fiumi del Paradiso: «Pishon, Gihon, Tigri, Euphrate».

La seconda, trovata incompleta e copiata presso l'ingresso occidentale della città dalla spedizione di Colt, si può facilmente interpretare come segue:

■ FIG. 66 Sobata, croce incisa su muro.

[In fede, Abramo],
[in amore], *Isacco,*
in speranza, Giacobbe,
in umiltà, Mosè,
in gloria, Davide,
in saggezza, Salomone,
in sopportazione, Giobbe.

■ FIG. 67 Sobata, croce incisa su muro.

Ci piacerebbe avere qualche indizio per identificare la persona le cui qualità erano paragonate a quelle di così tanti personaggi biblici e il cui nome era probabilmente citato nelle prima o nella seconda riga dell'iscri-

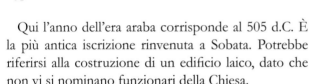

■ FIG. 68 Sobata,
decorazione
su montante di porta,
con croce, *alfa* e *omega*.

■ FIG. 69 Sobata, lintello
decorato con croce,
alfa e *omega*.

zione, ma purtroppo proprio tali righe risultano oggi mancanti.

Si ritiene che il complesso di edifici costruiti a sud della chiesa settentrionale fossero dei laboratori agricoli appartenenti alla comunità monastica che vi abitava (fig. 63).

Uno conteneva un torchio per vino, con l'area per calpestare e spremere l'uva, e l'annessa cantina coperta. Non ci sono, tuttavia, altri spazi accanto all'area di spremitura, a differenza di molti altri torchi vinari bizantini. Il motivo è probabilmente dovuto al fatto che questo particolare torchio per produrre il vino non era destinato all'uso di diverse famiglie, ma solo alla comunità monastica che viveva lì accanto. Una curiosa decorazione sul foro fatto su un blocco di pietra per raccogliere il mosto dall'area di spremitura e convogliarlo verso la cantina è una specie di "giglio" che sostiene una croce (fig. 64).

Una descrizione più dettagliata dei reperti archeologici che testimoniano una presenza cristiana nell'antica Sobata, come i numerosi graffiti, le incisioni (fig. 65) e, in particolare, le croci presenti su muri (figg. 66, 67), montanti (fig. 68) e lintelli (fig. 69), richiederebbe un discorso più lungo di quello che è lo scopo di questa presentazione.

Ad ogni modo, una visita alle rovine di Sobata è un'esperienza indimenticabile per chiunque sia interessato all'archeologia cristiana.

5

MAMPSIS: CROCI SUI MOSAICI

Mampsis è probabilmente il nome originale di un'antica città distrutta che sorgeva nei pressi dell'attuale Dimona. Era tradizionalmente chiamata Kurnub dagli arabi, rinominata Mamshit dagli israeliti. Il nome Mampsis si ritrova soltanto nella versione dell'*Onomasticum* di Girolamo e sulla Mappa di Madaba, dove la città appare a est di Birosaba, simbolizzata da un grande ingresso tra due torri (fig. 70, n. 96).

La maggior parte degli studiosi identifica Kurnub con Mampsis. Tale presupposto si fonda sulla traduzione di Girolamo dell'*Onomasticon* di Eusebio, secondo cui Mampsis è a un giorno di cammino da un forte romano chiamato Tamara. Si tratta del forte oggi conosciuto come Metzad Tamar. È vicino all'odierna strada Beersheva-Sodom ed è indicato anche sulla Mappa di Madaba (fig. 70, n. 21).

Nonostante manchino riferimenti espliciti nella letteratura antica, si ritiene che le origini di Mampsis fossero nabatee.

Sebbene le sue rovine siano state visitate anche da ricercatori del XIX secolo, i primi a tracciare e pubblicare una mappa del sito furono Woolley e Lawrence nel 1914.

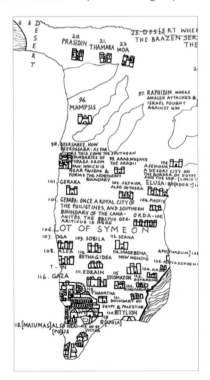

▓ Fig. 70 Il Neghev settentrionale sulla Mappa di Madaba (traduzione inglese).

■ Fig. 71 Mampsis,
veduta aerea.

Tra il 1965-1967 e il 1971 A. Negev condusse ampi scavi archeologici delle rovine. Portò alla luce le due chiese costruite nel periodo bizantino, il cimitero bizantino e alcuni altri edifici dentro e fuori le mura della città (fig. 71).

Geograficamente, Mampsis si trova in una pianura che degrada da nord a sud e si interrompe bruscamente sul bordo del *wadi* chiamato Nahal Mamshit.

La vicinanza del *wadi* è probabilmente la ragione per cui i Nabatei scelsero proprio quel luogo per lo sviluppo della città. Il *wadi*, all'interno del quale avevano costruito tre solidi sbarramenti per fermare le acque durante le piogge (fig. 72), divenne infatti la loro principale fonte d'acqua.

La gente del posto trasportava l'acqua fino alla città, nonostante l'asperità del terreno, per riempire i numerosi serbatoi pubblici e privati, e rifornire un grande bagno romano che gli scavi hanno portato alla luce nella parte orientale della città.

L'insediamento nabateo che si sviluppò probabilmente da quella che era una semplice fermata sulla via ca-

rovaniera risalente al I secolo a.C., aveva caratteristiche tipicamente pagane che non andarono del tutto perse quando la popolazione si convertì al cristianesimo nel periodo bizantino. Nella parte est della città, vicino alla chiesa orientale, ci sono resti di pitture murali in un edificio (Casa XII) datato intorno al III secolo a.C., che comprendono la figura di una Tyche alata (la dea della fortuna) e il bacio tra Eros e Psiche (fig. 73).

Nel cimitero nabateo furono inoltre trovati tre orecchini d'oro (fig. 74) che riportano la figura di Afrodite (o El-Uzza, o Allat).

Quando a Mampsis venne accettato il cristianesimo, probabilmente nel IV secolo, la prima chiesa a essere costruita fu quella nota oggi come chiesa orientale. Si tratta di un complesso architettonico che occupa la maggior parte della cosiddetta acropoli. Secondo gli scavatori, diversamente dal caso di Oboda, qui non esisteva nessun tempio nabateo precedente.

Parte del muro della città venne distrutto e i suoi grossi blocchi di pietra vennero riutilizzati nella costruzione dell'enorme basilica (27x15 metri) (fig. 75).

■ Fig. 73 Mampsis, dipinto di epoca romana raffigurante un bacio tra Eros e Psiche.

■ Fig. 74 Mampsis, orecchino con l'immagine di Afrodite.

L'edificio era monoabsidale. Aveva due stanze quadrate, le sacrestie o *pastophoria*, che fiancheggiavano l'abside. Questa caratteristica attesta la datazione antica dell'edificio, risalente probabilmente alla fine del IV o all'inizio del V secolo d.C. Di fronte all'abside, le basi delle quattro colonnine che un tempo sostenevano l'altare sono state conservate *in situ*. Davanti all'altare c'è un pavimento quadrato a mosaico con semplice decorazione geometrica, ma con al centro una grande croce di Malta inserita in una doppia cornice (fig. 76).

La croce è ovviamente decorativa, ma la sua presenza non può essere considerata un disegno comune, a meno di presupporre che sia stata realizzata prima del 427 d.C. A partire da quell'anno, infatti, un ordine imperiale emanato da Teodosio II proibì l'uso

■ FIG. 75 Mampsis,
chiesa orientale.

■ FIG. 76 Mampsis,
croce sul pavimento
a mosaico
della chiesa orientale.

di croci e la riproduzione di immagini e scene sacre
sui pavimenti. La riproduzione della croce avrebbe
contraddetto il divieto imperiale. Fortunatamente,
quindi, la mancanza di riferimenti scritti relativi alla

■ Fig. 77 Mampsis, chiesa orientale, cisterna crollata nell'atrio.

data di fondazione della chiesa è compensata dall'inaspettato uso della croce sul pavimento, che comprova la sua datazione antica.

Sul lato occidentale della navata centrale e di quelle laterali, tre ingressi si aprono su un atrio quadrato, dove è ancora visibile un'enorme cisterna, anche se dal soffitto completamente crollato (fig. 77).

Le stanze sul lato occidentale dell'atrio comprendono due magazzini e uno strano bagno doppio. C'è anche la base di una torre, che A. Negev ritiene sia stata una torre campanaria, elemento di cui non si ha traccia in nessun'altra chiesa bizantina in Palestina. Una scalinata nell'angolo settentrionale di questo complesso di piccole stanze conduceva probabilmente alle gallerie delle donne edificate sulle navate laterali della basilica.

Adiacente al muro meridionale della chiesa c'è il battistero. Il fonte battesimale è cruciforme e molto profondo, completamente scavato nel pavimento. Anche la profondità di questa struttura è anomala per un battistero bizantino in Palestina.

Un'altra chiesa fu costruita al confine occidentale di Mampsis, vicino alle mura della città. È evidente che la costruzione di questa seconda basilica fu resa possibile dalla demolizione di un'ampia sezione di un edificio preesistente.

Tuttavia, gran parte di questo antico edificio (che comprendeva una stalla) rimase in piedi e continuò a svolgere le sue funzioni anche dopo che la chiesa fu realizzata (fig. 78). Il proprietario era probabilmente un certo Nilo, ricordato come fondatore della chiesa in non meno di tre iscrizioni sui mosaici delle pavimentazioni. Davanti ai gradini del *bema* o santuario, per esempio (fig. 79), l'iscrizione inserita all'interno di un medaglione rotondo recita:

O Signore, salva il tuo servo Nilo,
devoto di Cristo, il costruttore
di questo [luogo], *e il Signore*
proteggerà la sua casa.

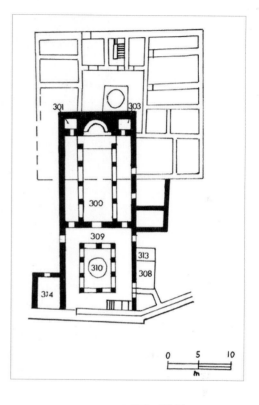

■ Fig. 78 Mampsis, pianta della chiesa occidentale.

Un motivo già noto presso molte altre chiese bizantine decora la sezione orientale dei mosaici del pavimento: due pavoni che si fronteggiano, con in mezzo una coppa o *kantharos*, da cui emergono due tralci di vite con grappoli d'uva che formano due medaglioni per ciascun lato.

Il simbolismo cristiano dei tre elementi principali di questa decorazione (il vaso, il vino e i pavoni) si collega alla fede nella vita eterna offerta nel sacramento eucaristico celebrato in chiesa.

■ Fɪɢ. 79 Mampsis, chiesa occidentale, parte del pavimento a mosaico.

■ Fɪɢ. 80 Mampsis, chiesa occidentale, croce sul mosaico del pavimento.

Nelle altre due iscrizioni, una delle quali si trova nel *bema* davanti all'altare, all'interno di un medaglione, Nilo chiede di nuovo la salvezza per sé, «il servo» di Dio, e per i suoi figli.

Al centro del pavimento a mosaico nella navata principale, ritroviamo nuovamente il motivo di una grande croce, elemento che conferma ancora una volta la sua datazione antica (fig. 80).

Questa chiesa fu progettata con un'unica abside centrale, ai cui lati si aprivano, una per parte, due sacrestie rettangolari che potevano essere chiuse da una porta.

Il *bema* era delimitato da una balaustra.

Nella ricostruzione di questa balaustra, come ci appare oggi, furono usate colonne più alte delle lastre in marmo. Se è vero che queste colonne sono originali, sebbene rimosse da dove si trovavano un tempo, dovevano certamente essere sormontate da un architrave a cui probabilmente venivano appese lampade a olio o tende (fig. 81).

Sul muro occidentale della chiesa, tre ampie porte si aprono su un atrio quadrato con un'enorme cisterna nel centro, costruita per raccogliere l'acqua piovana proveniente dai tetti. Una pietra rotonda, fotografata dal sottoscritto in un angolo di questo atrio, riportava il nome "Sosanna" scritto in colore rosso e in grandi caratteri greci.

Nella chiesa occidentale sono stati scoperti anche altri nomi singoli e iscrizioni frammentarie. Una di esse, su un fusto di colonna calcarea vicino al *bema*, riporta le parole «…il dottore, fedele a Cristo, di Gebalene…» e «il suo andare e venire». Ci sono altre interessanti incisioni di motivi cristiani e iscrizioni tra le rovine architettoniche di Mampsis. In alcuni casi sono molto particolari, come i due lintelli che riportano una decorazione mista con croci e rappresentazioni del sole che sorge (figg. 82, 83).

Questa enfasi sul sole in un contesto cristiano è stata spiegata (pur in assenza di rilevanti testimonianze scrit-

▣ Fig. 81 Mampsis, chiesa occidentale, balaustra che racchiude il *bema*.

▣ Fig. 82 Mampsis, lintello decorato con una croce e le rappresentazioni di due soli sorgenti.

▣ Fig. 83 Mampsis, lintello decorato con due croci e la rappresentazione di un sole sorgente.

te a sostegno) con un collegamento alla locale tradizione nabatea secondo cui il sole era un elemento divino primario. In base a questa ipotesi, il fatto che nella tradizione cristiana il sole che sorge fosse un simbolo importantissimo che rappresentava Cristo, particolarmente in relazione alla sua risurrezione, potrebbe aver facilitato l'accoglienza della fede cristiana da parte della popolazione nabatea del Neghev.

Esistono poi croci incise di forme e dimensioni diverse. In alcuni casi sono semplici disegni tracciati spontaneamente da singole persone all'ingresso delle stanze (fig. 84). In altri casi le incisioni sono più sofisticate, originariamente destinate a decorare lintelli e capitelli (figg. 85, 86). Ce n'è anche una che adorna una meridiana (fig. 87).

■ FIGG. **84-85-86**
Mampsis, croci
su blocchi
da costruzione.

Il caso più interessante è il gruppo di tre croci incise sul capitello di un pilastro. Due sono quasi identiche per dimensione e forma circolare, mentre la terza è molto più piccola e collocata sopra una delle prime due (fig. 88). È difficile comprendere che tipo di simbolismo si nasconda dietro questo gruppo di croci "trinitario", ma nelle intenzioni di coloro che lo realizzarono o che lo commissionarono doveva sicuramente esserci un valore simbolico. Non sono riuscito a trovare un motivo simile in tutta la storia dell'arte cristiana antica. Volendo azzardare un'ipotesi circa l'interpretazione di questo disegno, sarei portato ad affermare che il gruppo di croci simbolizza la Trinità, ma in un modo eretico, "subordizionista".

Il "subordizionismo" può riferirsi a due dottrine diverse: quella ariana, che sostiene che il Figlio non fosse Dio per natura, ma creato dal Padre (eresia condannata nel Concilio di Nicea del 325 d.C.); e la cosiddetta "pneumatomachia", che insegna che lo Spirito Santo è creatura del Figlio (condannata dal Concilio di Costantinopoli nel 381 d.C.). Entrambe le dottrine contraddicono l'ortodossia della Chiesa, per cui è sorprendente trovarle espresse in modo figurativo nel contesto del cristianesimo del Neghev. Già nel 1938 un'iscrizione graffita di contenuto religioso fu copiata e pubblicata da un blocco di pietra riutilizzato in una stazione di polizia che le autorità britanniche avevano costruito tra le rovine della città (fig. 89).

Su questo blocco si può vedere che alla fine delle tre parole appare la lettera *sigma*. Concordiamo con lo studioso che ha pubblicato l'iscrizione, G. E. Kirk, il quale sostiene che la lettera può essere interpretata come un'abbreviazione della parola *soter* ("Salvatore" in greco). Abbiamo dunque:

Dio Salvatore, santo Salvatore, buon Salvatore.

Non sappiamo quando e in che modo l'antica città di Mampsis sia stata abbandonata. A. Negev era convinto

■ FIG. 87 Mampsis, meridiana con croce.

■ FIG. 88 Mampsis, tre croci che decorano lo stipite di una porta.

■ FIG. 89 Mampsis, graffito cristiano su un blocco da costruzione.

fosse già disabitata ai tempi della conquista islamica del Neghev nel 634-636 d.C. Tale opinione, tuttavia, potrebbe essere smentita se dai nuovi scavi emergessero ulteriori dati archeologici.

Una visita a questa città un tempo ricca avrebbe naturalmente inizio dalla porta cittadina, collocata a nord-ovest e ben preservata. Il muro di cinta in cui tale porta era inserita è stato datato attorno al III secolo d.C.

Un giro completo delle rovine includerebbe non soltanto i complessi delle due chiese, ma anche alcune dimore completamente scavate, il mercato, la grande cisterna pubblica aperta e il bagno pubblico. Ci sarebbe certamente molto di più da esplorare, scoprire e gustare se venissero programmati e realizzati nuovi interventi di scavo.

6

RUHEIBEH: META DI ANTICHI PELLEGRINI

L a posizione geografica di quest'antica città nabatea e bizantina, lontana dalle strade solitamente
battute, la rende difficile da visitare. Il sito si raggiunge
di solito dalle rovine di Elusa, percorrendo in fuori-
strada una distanza di circa 11 km verso sud, lungo uno
dei tragitti aperti nel deserto dall'esercito israeliano.

Non si sa quale fosse il nome originale di questo sito:
diversi studiosi hanno avanzato varie ipotesi, ma nessuna supportata da prove reali. Il nome tradizionale
arabo delle rovine è Ruheibeh, il che portò gli studiosi
occidentali che le scoprirono nel XIX secolo a pensare
che potesse trattarsi dell'antica città di Recobot, citata
nella Bibbia (Gen 36,37; 1Cr 1,48). Tuttavia le ricerche
archeologiche hanno dimostrato che tale identificazione è errata, poiché le fondamenta più antiche di tutti
gli edifici della città presi in esame non risultano essere
precedenti il periodo nabateo.

Y. Tsafrir, che scavò il sito negli anni Settanta e Ottanta del Novecento, propose di identificarlo con uno
dei villaggi menzionati nei papiri di Nessana, in particolare Betomolacha (pap. 79, VII secolo d.C.).

Allo stato attuale delle cose, di questa antica città
non esiste una descrizione ben definita; non c'è né una
pianta né aree che oggi non siano coperte da ruderi.

Le rovine dei suoi edifici sono accatastate ovunque.
L'area edificata è ininterrotta; le strade erano strette

■ FIG. 90 Ruheibeh, veduta aerea.

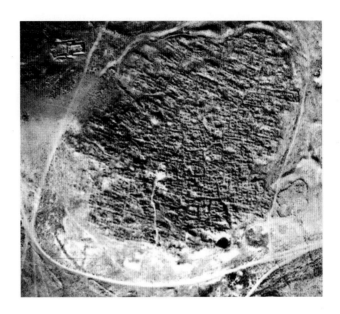

e non pavimentate, e non esistevano mura di cinta (fig. 90).

Oltre al cosiddetto "Khan", un caravanserraglio pubblico di 30x30 metri nella parte centrale della città, gli edifici più importanti sono le quattro chiese scoperte, due delle quali sono state scavate. È grazie a questi scavi che si riconosce l'indubbia importanza del passato cristiano di questo sito. Qui non esistono riferimenti scritti, né resoconti di pellegrini, né firme in protocolli di concili ecclesiastici, ma l'archeologia parla da sé.

Partiamo dal complesso della chiesa settentrionale. Questo edificio è situato fuori dalla città, circa 100 metri a nord. Il suo orientamento differisce dagli standard tradizionali, non essendo rivolto a est, ma circa 30 gradi verso sud.

Internamente misura 24,80x13,10 metri. Consiste di una navata centrale e due laterali, separate da due file di sette colonne in pietra e due pilastri. L'abside centrale

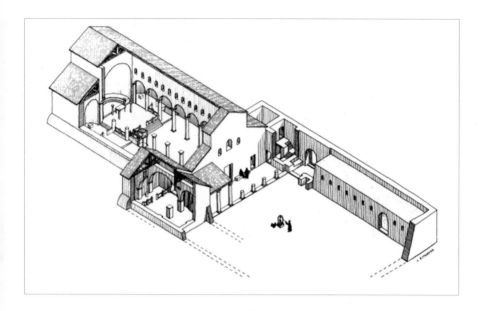

aveva un *synthronon* (file di sedili semicircolari in pietra per il clero), con due absidi minori, una per lato, che fronteggiavano rispettivamente le navate laterali.

Tra le due absidi laterali e il muro orientale dell'edificio c'erano due piccole stanze, collegate tra loro ma non con l'interno della chiesa. Le colonne che separavano la navata centrale da quelle laterali erano collegate tra loro da arcate che sostenevano il cleristorio (fig. 91).

Le sezioni di fronte alle tre absidi erano architettonicamente indipendenti l'una dall'altra. Di fronte all'abside centrale il *bema* sporgeva verso la navata centrale, racchiuso dalla sua balaustra. Le cappelle davanti alle absidi laterali erano chiuse da balaustre senza alcun collegamento con il *bema* (fig. 92).

L'elemento più importante della basilica era la cripta sotto il *bema*. Come la sua stessa struttura ci suggerisce, questa cappella sotterranea era destinata alla conservazione e alla venerazione di una reliquia mol-

■ FIG. 91 Ruheibeh, chiesa settentrionale, ricostruzione isometrica.

Fɪɢ. 92 Ruheibeh, pianta della chiesa settentrionale.

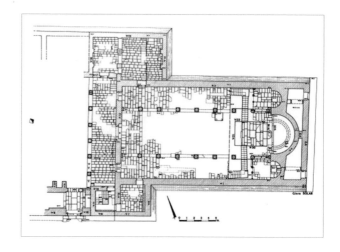

to speciale, certamente visitata da un gran numero di pellegrini.

Per facilitare l'accesso alla cripta e permettere un'uscita ordinata, erano state costruite due scalinate ai lati della navata settentrionale e di quella meridionale (fig. 93). Questa sistemazione era simile a quella di molte altre cripte nella Palestina bizantina, come quella della famosa chiesa della Natività a Betlemme. La cripta di Ruheibeh fu in parte scavata nella roccia e in parte edificata con muri in pietra rivestiti da lastre di marmo. La cappella era un'ampia sala di 4,2x3,2 metri con una volta a botte alta 4,5. Sul muro orientale si apriva una nicchia per il reliquiario. Non si sa a quale santo appartenessero le reliquie che vi si conservavano e veneravano, poiché nessuna delle iscrizioni scoperte nella chiesa vi fa riferimento.

Frammenti di pitture murali sono stati scoperti nell'area della chiesa, e uno di essi mostra un volto umano (fig. 94).

Nella zona dell'abside centrale sono stati trovati reperti di vetro rotondi che riportano immagini co-

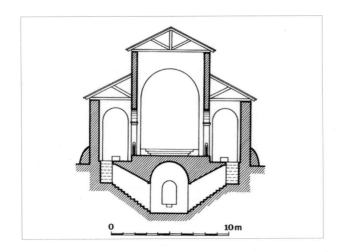

Fig. 93 Ruheibeh, chiesa settentrionale, la cripta.

lorate di santi (fig. 95). Su uno di essi è conservato il frammento di un nome in greco, forse (*Iakō*)*bos*, riferito a san Giacomo. La dimensione e la forma di questi oggetti sono simili a quelle dei cosiddetti "specchi magici", amuleti solitamente trovati nelle tombe, come quelli della chiesa bizantina di Horvat Karkur Illit (cfr. cap. 9).

Adiacente all'angolo nord-occidentale della chiesa sorgeva una grande cappella. Al suo interno sono stati trovati resti di una balaustra in pietra con elaborate incisioni raffiguranti tralci di vite che formano medaglioni che racchiudono grappoli e foglie, posti su una croce incorniciata da una ghirlanda con due pavoni ai lati (fig. 96).

Questa lastra decorata è molto simile, per stile e motivi, a quella trovata nella chiesa nord di Nessana (cfr. fig. 112, cap. 7), probabilmente prodotta nella stessa officina locale.

In corrispondenza delle navate, i tre ingressi principali della chiesa si trovavano nel muro occidentale, oltre il quale si apriva un ampio atrio o cortile quadrato.

Fig. 94 Ruheibeh, pittura murale nella chiesa settentrionale.

▧ Fig. 95 Ruheibeh,
chiesa settentrionale,
figure sacre
su oggetti di vetro.

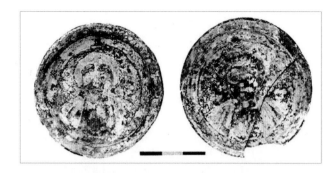

▧ Fig. 96 Ruheibeh,
balaustra decorata della
cappella adiacente alla
chiesa settentrionale.

Gli scavi non sono stati completati, ma lungo il muro meridionale sono venuti alla luce i resti di alcune stanze che si ritiene appartenessero a un monastero (cfr. fig. 91).

Nella chiesa sono state scoperte molte tombe: l'epitaffio più antico riporta una data corrispondente all'anno 483 d.C., mentre il più recente registra il 555 d.C. Un graffito, tuttavia, potrebbe riportare la data ben più tarda del 646-647 d.C.

A Ruheibeh sono stati scoperti due cimiteri, uno vicino alla chiesa settentrionale e un altro a nord della città. Molti degli epitaffi, perlopiù incisi su stele dalla parte superiore circolare e decorata con croci, sono

■ FIG. 97 Ruheibeh, lapidi con iscrizioni provenienti dall'area della chiesa settentrionale.

stati pubblicati molto tempo fa. I nomi dei defunti sono di origini miste: bibliche, latine, greche. Una donna definita "vergine di Dio" (fig. 97, n. 31) potrebbe essere stata una vergine consacrata che viveva da sola. C'erano anche molte tombe sotto il pavimento della chiesa, con iscrizioni che riportano soprattutto nomi biblici, come Abramo, Giovanni, Stefano, Pietro e Maria, ma anche il nabateo Abdelgos e l'arabo Zonainos.

Alcuni defunti erano celebrati con l'appellativo "tre volte beato". Sappiamo che un certo Elia era un sacer-

■ Fɪɢ. 98 Ruheibeh,
chiesa centrale.

dote mentre un uomo di nome Stefano era un diacono morto nel 569 d.C. Altri nomi sono quelli di Vittorio, Ilarione, Sergio e Soepha, a cui è augurato di «sentirsi felice in Cristo».

Oltre a questa importante chiesa settentrionale, nel centro della città gli scavi hanno portato alla luce un'altra chiesa, denominata "centrale". L'archeologo che ha seguito lo scavo ritiene che si tratti della chiesa più antica del sito, almeno nella sua prima fase di costruzione.

La chiesa centrale era piccola e probabilmente risaliva alla seconda metà del IV secolo. Nella sua seconda fase, fu edificata come una basilica (20x12 metri), con un sontuoso *synthronon* in pietra che si innalzava su quattro gradini nell'abside centrale. Ai suoi lati si aprivano due *pastophoria* o sacrestie quadrate. Il *bema* era sopraelevato di due gradini rispetto al pavimento della navata e ai suoi lati, invece di balaustre, c'erano divisori in pietra (fig. 98). Un'iscrizione su un frammento di marmo riporta una data corrispondente all'anno 550-551 d.C.

Le colonne che separano la navata principale da quelle laterali sono di pietra calcarea e i capitelli sono decorati con semplici incisioni in stile locale (fig. 99).

Gli scavi della chiesa centrale non sono mai stati completati e molti dettagli della struttura ancora ci sfuggono. Non sappiamo, per esempio, quali fossero le misure reali del grande atrio sul lato nord-occidentale. Il pavimento del *pastophorium* sud-occidentale era sostenuto da grandi arcate, ma le dimensioni del piano interrato sottostante non sono certe, né si sa se facesse parte della chiesa. Sotto la navata laterale di sud-ovest, sono stati scoperti fusti di colonne, probabilmente provenienti da un precedente edificio romano.

Anche Woolley e Lawrence visitarono Ruheibeh e descrissero questa «grande chiesa», aggiungendo che «attorno ad essa sorgevano edifici che probabilmente appartenevano a un monastero».

Nella stessa città esistono altre due chiese, ma non sono ancora state scavate e se ne ignorano quasi del tutto dimensioni e caratteristiche. Una si trova nella periferia orientale e faceva parte di un complesso di edifici. L'altra era stata eretta circa 150 metri a sud della città ed era una basilica a tre navate. Gli spazi aperti ai lati dell'abside centrale di questa chiesa potrebbero essere altre absidi o semplici stanze. C'era un atrio al di là dell'ingresso occidentale dell'edificio, con colonne a est e a ovest, e file di stanze lungo i muri settentrionale e meridionale.

È un vero peccato che un sito tanto ricco di testimonianze archeologiche cristiane come Ruheibeh non sia stato studiato più approfonditamente. La ragione principale è certamente da scorgersi nella sua lontananza e nella difficile accessibilità. Dovremo probabilmente aspettare che un giovane archeologo vi si appassioni e trovi i mezzi per riprendere gli scavi così ben condotti negli anni Ottanta dal professor Yoram Tsafrir dell'Università ebraica di Gerusalemme.

7 NESSANA: MANOSCRITTI CHE RACCONTANO

Nessana è un caso di straordinaria importanza nell'ambito della storia e dell'archeologia cristiane del Neghev. Qui le fatiche della ricerca archeologica sono state gratificate con la scoperta di qualcosa di ben più significativo di resti architettonici, pavimenti, tombe e iscrizioni. Sono finalmente venuti alla luce veri e propri archivi di documenti scritti. Un buon numero di preziosi papiri del VI e del VII secolo d.C. (fig. 100) ci ha dato la possibilità di conoscere non soltanto brani di opere letterarie utilizzate nelle letture liturgiche e insegnate nelle scuole monastiche, ma anche molte informazioni sulla vita quotidiana degli abitanti cristiani e sui problemi causati loro dall'occupazione islamica della città.

Questa documentazione di prima mano è stata fortunatamente pubblicata, e vi faremo ampio riferimento nelle pagine seguenti.

Nessana si trova nel Neghev centrale vicino all'attuale confine con l'Egitto. La sua area è attraversata dal *wadi* Azuz, defluente dal *wadi* Nitzana, che segna il confine settentrionale dell'antica città. La

▦ Fig. 100 Nessana, papiri bizantini.

■ Fig. 101 Nessana,
veduta dell'acropoli.

Fig. 101 Nessana,
veduta dell'acropoli.

città ha un'acropoli che sorge a 35 metri di altezza sul
wadi Azuz (fig. 101).

Il nome Nessana è stato mantenuto solo nei papiri
bizantini, mentre il nome arabo del sito era Auja el-
Hafir, o semplicemente El-Auja. Il sito è conosciuto
oggi in Israele con il nome di Nitzana.

Le origini della città sono sconosciute, ma gli studiosi
ritengono che sia sorta come caravanserraglio nabateo
nel II secolo a.C. Ben presto, tuttavia, deve essere cre-
sciuta trasformandosi in un insediamento permanente:
lo dimostra la scoperta, in varie aree scavate, di diverse
monete del re asmoneo Alessandro Ianneo. Ciò significa anche che esistevano relazioni commerciali tra i
suoi abitanti e gli ebrei del vicino regno asmoneo, o
che Nessana era un insediamento nabateo conquistato
dal re Ianneo e annesso al territorio ebraico. Questa
seconda teoria è sostenuta dallo scomparso dr. Dan
Urman, ultimo scavatore di Nessana.

Le rovine della città furono scoperte e in parte esplo-
rate da vari studiosi occidentali nel XIX e agli inizi del
XX secolo. Dal 1896 al 1921, non solo furono com-

▦ FIG. 102 Nessana, edifici turchi oggi demoliti.

piuti diversi tentativi da parte degli archeologi di definire i confini dell'antico insediamento e di fotografare e descrivere le sue rovine, ma furono anche scoperti e pubblicati due papiri e alcune iscrizioni greche.

Purtroppo, durante gli ultimi anni del dominio ottomano, Auja el-Hafir divenne oggetto di un'intensa attività edilizia. Il governo turco voleva stabilirvi un nuovo insediamento per rafforzare il controllo sulle tribù beduine (fig. 102) e il materiale da costruzione era disponibile proprio lì, tra le rovine della città bizantina. Tutto ciò ha causato la fatale distruzione e la definitiva scomparsa di importanti resti. Tra questi, un monastero adiacente a una chiesa nella città bassa, menzionato da E. Huntington nel 1909 e, successivamente, da Woolley e Lawrence nel 1914 (fig. 123).

Dell'esistenza di un'altra chiesa siamo a conoscenza solo dal resoconto e dalla descrizione di padre M.-J. Lagrange, dell'École Biblique di Gerusalemme, nel 1896 (fig. 103).

Tuttavia, fu solo tra il 1935 e il 1937 che veri e propri scavi archeologici furono condotti nella città alta da H.

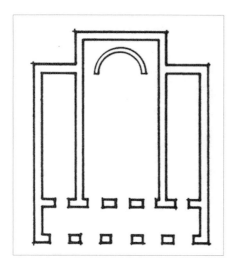

FIG. 103 Nessana, pianta della chiesa sulla piana (ora scomparsa), secondo il resoconto di padre Lagrange (1896).

D. Colt e dalla spedizione anglo-americana. Furono proprio questi scavi a portare alla felice scoperta dei famosi papiri.

Tra il 1987 e il 1995 una nuova campagna di ricerche venne condotta dal Dipartimento biblico e archeologico dell'Università Ben Gurion del Neghev a Beersheva. I lavori furono realizzati sotto la guida dei miei ex colleghi, entrambi scomparsi, D. Urman e J. Shereshevski. Proprio a causa della prematura scomparsa dei due archeologi, di questi scavi finora è stato pubblicato solo un resoconto parziale.

È proprio grazie a queste ultime due spedizioni, di Colt e di Urman-Shereshevski, che oggi conosciamo e apprezziamo il ricco passato cristiano di Nessana. La mia breve descrizione degli edifici monastici e di culto, illustrati con fotografie di dettagli architettonici e oggetti, sarà accompagnata da una sintesi di importanti riferimenti storici, ricavati da papiri e iscrizioni, che arricchiscono ampiamente la nostra conoscenza della città.

Nella città alta o acropoli si trovano i resti di due basiliche, con rispettive cappelle annesse, e un monastero (fig. 104). Nella sezione sud delle rovine della cosiddetta chiesa meridionale o chiesa di Santa Maria (fig. 105), su uno dei capitelli è stato trovato inciso il nome *Theotokos* ("Madre di Dio").

Questa chiesa è stata scavata dalla spedizione di Colt. La sua struttura triabsidata risale al tardo periodo bizantino, secondo gli scavatori non prima del VII secolo. Le sue dimensioni sono davvero rilevanti (20,8x14,1 metri). Al di là del muro occidentale e delle sue tre por-

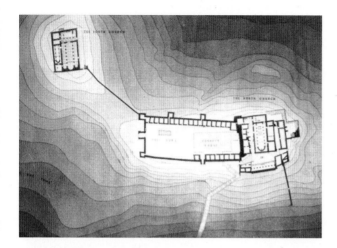

▦ FIG. 104 Nessana, pianta degli edifici sull'acropoli.

▦ FIG. 105 Nessana, chiesa meridionale di Santa Maria nel 1935-1937.

te d'ingresso era stato costruito un atrio rettangolare, mentre una lunga cappella con un'abside e due file di colonne furono aggiunte sul lato meridionale. Il muro che separa chiesa e cappella venne eretto in una fase successiva (fig. 106). Adiacenti alla cappella c'erano altre tre stanze ed è proprio in una di queste che sono stati trovati i papiri (stanza n. 3).

Tra i resti di una di queste costruzioni, è stato rinvenuto il capitello di un montante di porta decorato con l'incisione di una croce all'interno di una ghirlanda. Ri-

Fig. 106 Nessana, cappella adiacente alla chiesa meridionale nel 1935-1937.

Fig. 107 Nessana, incisione cristiana su un capitello di montante.

porta il famoso monogramma di Cristo *A – Ω* (*alpha – omega* = "l'inizio e la fine") (fig. 107).

Non conosciamo la ragione specifica che portò alla costruzione di questa nuova basilica quando un'altra era già stata eretta nella parte settentrionale dello stesso crinale, a meno di 100 metri di distanza. Tuttavia, la chiesa più antica non solo serviva la comunità monastica e le esigenze spirituali dei soldati di stanza nel vicino forte, ma era anche meta di continue visite da parte dei fedeli locali e di pellegrinaggi annuali di gente proveniente da altre città e villaggi della regione.

L'edificazione della chiesa di Santa Maria potrebbe quindi aver avuto lo scopo di servire meglio la comunità locale, funzionando come una vera parrocchia, con un proprio parroco. Durante gli ultimi scavi sull'acropoli, infatti, sono state portate alla luce diverse abitazioni private sul versante sud-orientale della dorsale, proprio dietro la chiesa meridionale, e una di queste è stata chiamata dallo scavatore "la casa del prete" (fig. 108).

Come afferma lo stesso Urman: «La vicinanza del complesso alla chiesa, in aggiunta al fatto che sono

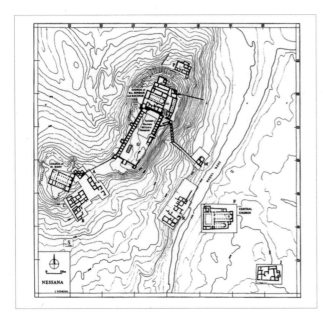

■ FIG. 108 Nessana, gli edifici sull'acropoli e la piana dopo gli ultimi scavi.

stati trovati alcuni dei suoi stipiti decorati con incisioni e disegni di croci tipiche delle chiese cristiane del Neghev, suggeriscono che questa struttura possa originariamente essere servita come dimora per la famiglia del prete dell'adiacente chiesa di Santa Maria» (Urman 2004) (fig. 109).

La cosiddetta chiesa settentrionale, situata nella parte nord dell'acropoli, proprio al di là del forte bizantino che vi domina, è la più importante delle chiese ritrovate a Nessana. Fu scoperta dai Turchi mentre cercavano materiale da costruzione per un nuovo insediamento che avrebbe incluso una stazione ferroviaria sulla piana e un ospedale sull'acropoli.

Gli scavi di questa chiesa settentrionale sono merito della spedizione di Colt, ma lo stato di conservazione delle rovine è deplorevole. Dai risultati è emerso che il primo edificio cristiano a essere eretto sul posto fu

■ FIG. 109 Nessana, la cosiddetta "casa del prete" vicino alla chiesa meridionale.

una piccola chiesa dedicata alla memoria dei santi Stefano e Sergio. Questa chiesa originale divenne poi il "*martyrium*" di una costruzione più grande che fu realizzata a nord della prima circa cento anni più tardi.

Tra le diverse iscrizioni tombali del periodo più antico ci sono quelle sulle lapidi di un sacerdote di nome Tommaso e di un diacono che si chiamava Palladio, rispettivamente degli anni 464 e 475.

La nuova chiesa fu completata prima dell'anno 541 d.C., durante il governo di Giustiniano, come dimostrano le iscrizioni.

Era dedicata alla memoria dei santi Sergio e Bacco, due militari saliti alla gloria degli altari perché martirizzati a Resafa (in seguito rinominata Sergiopoli), in Siria, nel 303 d.C., agli inizi della persecuzione di Diocleziano. Avevano entrambi un alto incarico nell'esercito romano e non è un caso che la loro chiesa a Nessana sia stata costruita vicino al forte bizantino.

Questa chiesa settentrionale più recente si trovava al centro di un grande complesso di edifici che com-

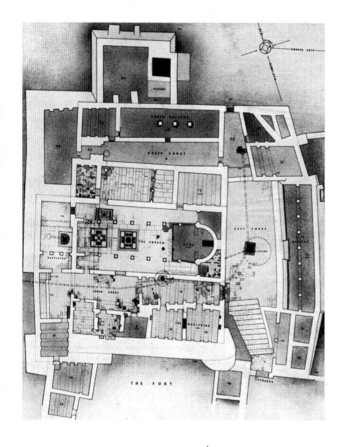

■ Fig. 110 Nessana, pianta della chiesa settentrionale e annessi dopo la spedizione Colt.

prendeva anche un monastero. È piuttosto singolare dal punto di vista architettonico (fig. 110). Ha un'unica abside interna, affiancata da due stanze quasi triangolari. Il *bema* si eleva di circa 30 cm sul livello del pavimento. Due file di sei colonne ciascuna separano la navata principale da quelle laterali. Il muro occidentale ha un solo ingresso alla fine della navata settentrionale e non esiste né atrio né nartece. L'atrio fu infatti sostituito dalla cappella del battistero nel 601 d.C. Il fonte battesimale è basso e semicircolare, ed era un tempo ricoperto di pezzi di marmo bianco. Era stato scavato

■ Fig. 111 Nessana, battistero e chiesa settentrionale dei santi Sergio e Bacco.

nel pavimento e al suo interno contiene due piccoli gradini (fig. 111).

Sul lato orientale della chiesa, c'è un cortile aperto con al centro una cisterna a campana. Una lunga e ampia scalinata, che partiva dalla città bassa, conduceva a questo cortile, aprendo così un passaggio verso il complesso della chiesa settentrionale (fig. 110). Questa sontuosa scalinata fu costruita nel periodo nabateo e, sebbene l'archeologia non possa dimostrarlo, si ritiene che servisse inizialmente a dare accesso a un tempio pagano eretto sull'acropoli. Resti del periodo ellenistico sono stati trovati sotto il pavimento della chiesa.

A est del cortile sorgeva un lungo portico, con al centro una fila di sette colonne a sostegno del soffitto.

Lungo il muro meridionale della chiesa c'era la vecchia cappella che, secondo un'iscrizione trovata in loco, veniva chiamata *martyrium*, come già detto (cfr. anche fig. 118). La cappella era seguita da altre sale e da due stanze più piccole, dove è stato trovato l'archivio dei papiri.

In questa cappella è stata portata alla luce una lastra di balaustra in pietra decorata con elaborate incisioni (fig. 112). Come già ricordato, i suoi motivi e lo stile sono sorprendentemente simili a quelli della lastra scoperta nella chiesa settentrionale di Ruheibeh (cfr. fig. 96).

Al di là del muro nord della chiesa settentrionale fu aggiunta una spaziosa cappella (fig. 113) affiancata da due stanze, una a est e una a ovest.

Accanto, sorgeva un'altra serie di spaziose sale con volte arcuate. Una di esse era lunga, con colonne che sostenevano il soffitto. Fu realizzato anche un cortile aperto.

▥ FIG. 112 Nessana, lastra di balaustra in pietra decorata proveniente dalla cappella contigua alla chiesa settentrionale.

Tutte queste stanze e cappelle, a nord e a sud della chiesa, vennero edificate per vari scopi e in diversi periodi. Erano probabilmente utilizzate dalla comunità monastica che garantiva le attività liturgiche, pastorali, sociali e perfino amministrative della chiesa.

A testimonianza dell'esistenza di una simile comunità monastica ci sono le iscrizioni greche copiate dai pavimenti della cappella del *martyrium*, e molti dei papiri trovati in un armadio a muro nella stanza n. 8. Uno di questi manoscritti cita «il monastero [*moné*] di san Sergio» (pap. 79). In altri manoscritti e iscrizioni ci sono riferimenti all'*hegoúmenos* (abate o superiore di un monastero). Il termine *monachós* (monaco) ricorre quattro volte nei papiri e il titolo di *abba* (padre) non meno di quindici.

Gli studiosi che hanno pubblicato questa importante serie di papiri trovati negli armadi a muro della stanza n. 8 del complesso della chiesa settentrionale (fig. 114) e i pochi scoperti nella stanza n. 3 della chiesa meridionale, distinguono tra documenti conservati

■ FIG. 113 Nessana, cappella annessa al muro nord della chiesa settentrionale.

■ FIG. 114 Nessana, stanza n. 8 del complesso della chiesa settentrionale, dov'è stata scoperta la maggior parte dei papiri.

come in una *genizah*, in quanto testi sacri della letteratura cristiana, e documenti conservati in archivio per il loro valore storico. Nel primo gruppo sono compresi frammenti del vangelo di Giovanni, le epistole di san Paolo, la corrispondenza apocrifa tra Cristo e Abgar, la leggendaria vita e martirio di san Giorgio (fig. 115), dodici capitoli sulla fede cristiana, una preghiera liturgica per il funerale di un prete, un'omelia sul libro della Genesi e un'omelia in siriaco. Oltre a queste opere di letteratura cristiana ci sono anche alcuni frammenti di libri che venivano sicuramente utilizzati come testi di studio nella scuola del monastero: l'*Eneide* di Virgilio

■ FIG. 115 Nessana, frammento di papiro sulla storia di san Giorgio.

(libri II-VI), un glossario greco della stessa opera, un dizionario greco-latino e un trattato giuridico sui trasporti via acqua.

Il gruppo di papiri non letterari è molto più consistente. Contiene un archivio di documenti relativi ai soldati di stanza nel vicino forte e molti documenti di carattere civile. Questi ultimi trattano di questioni relative a divisioni della proprietà, contratti matrimoniali, accordi per il divorzio (uno riguarda quello tra un prete di nome Giovanni, figlio di Wa'il, e sua moglie Nonna, nel settembre del 689 d.C.), requisizioni di grano e di olio da parte del governatore arabo di Gaza, tasse da pagare, ricevute, un elenco di offerte alla chiesa da parte di donatori provenienti da diverse località per la festa di san Sergio (pap. 79), una lettera scritta da un certo vescovo Giorgio riguardante il suo personale dono per la medesima festa (pap. 50), prestiti in denaro e un gran numero di lettere private e ufficiali.

I messaggi inviati dal governatore musulmano «alla popolazione di Nestana, regione di Elusa [al-Khalus], provincia di Gaza» sono scritti in arabo con traduzione in greco (pap. 60-67) (fig. 116). C'è un'interessante lettera anonima, senza una data precisa né un'intestazione iniziale, ma che certamente risale al VII secolo ed è indirizzata a un villaggio o città non lontano da Nessana. È un invito a partecipare a una protesta organizzata, una dimostrazione al cospetto del governatore musulmano contro il «fardello intollerabile» delle alte tasse imposte alle città cristiane del Neghev dall'amministrazione araba:

... Sappiate, dunque, che domani, lunedì, saremo a Gaza. Siamo in venti. Per favore, venite anche voi immediatamente, in modo che siamo tutti uniti e concordi. Dopo aver letto questa lettera, inviatela a Nessana. Abbiamo scritto a Sobata... (pap. 75).

▦ Fig. 116 Nessana, papiro in arabo e greco.

Si possono apprendere molti particolari sul modo di vivere della gente di Nessana, ma quel che maggiormente interessa al sottoscritto sono gli aspetti relativi alla religione.

Da quanto ci dicono i papiri e le iscrizioni si può dedurre che il superiore o abate della chiesa settentrionale e del suo monastero fosse un punto di riferimento per la società cristiana di Nessana, sia prima che dopo la conquista araba. C'erano altri monasteri e chiese nella città, come vedremo, ma le lettere ufficiali scritte dai governanti musulmani «alla popolazione di Nessana» erano conservate nella chiesa settentrionale, dove ovviamente erano state ricevute.

L'*hegoúmenos* o abate di San Sergio sembra avesse anche le funzioni di sindaco della città, o almeno tale era considerato dal governatore della provincia. In una delle sue lettere (dicembre 683), il governatore Abu-Rashid scrive:

Quando mia moglie Ubayya verrà da lei, mettetele a disposizione un uomo che la conduca al Monte Sinai, e pagatelo (pap. 72).

Poiché infatti Nessana offriva l'ultima possibilità di sosta lungo la strada che portava al Sinai per chi veniva da Elusa, si supponeva che gli abitanti del luogo fossero guide esperte nell'attraversare il deserto. Dei rapporti commerciali tra la gente di Nessana e il monastero del Sinai si parla anche in altri documenti (pap. 89).

Nessana non era un luogo così isolato come la sua remota collocazione geografica potrebbe farci pensare, ma era invece una località ben conosciuta e visitata. Lo dimostra in particolare l'elenco di benefattori che facevano offerte alla chiesa in occasione della festa di san Sergio (pap. 79). L'elenco comprende nomi di persone provenienti non solo dagli insediamenti vicini, come Elusa, Sobata, Birosaba, Birtheiba, Bethomolachon, Saadi, ecc., ma anche da altri più lontani, come Fakidia (vicino a Rhinocoloura, oggi El-Arish nel Sinai settentrionale). Da altri papiri e iscrizioni risulta che i benefattori arrivavano anche da Aila, sulle rive del Mar Rosso, Emesa in Siria, Petra in Transgiordania, e Gaza, lungo la costa del Mediterraneo.

I dati raccolti dai papiri e dalle iscrizioni si completano a vicenda e offrono anche informazioni sull'amministrazione *de facto* del complesso della chiesa e del monastero dei Santi Sergio e Bacco. Una conclusione importante a cui si è giunti, per esempio, è che l'emi-

FIG. 117 Nessana, papiro con la firma di Patrizio, prete e abate.

nente incarico di abate del monastero e rettore della chiesa (con tutti i suoi annessi) fu ricoperto, almeno per alcune generazioni, da membri della stessa famiglia: era una carica che si trasmetteva di padre in figlio. Abbiamo l'elenco dei loro nomi, interpretato e compilato dallo studioso del papiro: «Patrizio, che visse attorno al 560; Sergio, suo figlio, sacerdote e abate di San Sergio, morto il 10 febbraio 592; Patrizio, figlio di Sergio, che successe a suo padre come sacerdote e abate [fig. 117], morto il 24 luglio 628; Giorgio, figlio di Patrizio, l'abate la cui stele commemorativa non riportava alcuna data, potrebbe essere collocato attorno al 650; Sergio, figlio di Giorgio, deve essere diventato abate attorno al 689 ma era comunque attivo tra il 682 e il 690» (Kraemer 1958).

È probabile che quel Giorgio, figlio di Patrizio, sia lo stesso chiamato *diokétes* ("amministratore" in greco), in alcune lettere ufficiali. Ad ogni modo, è ovvio che per svolgere le funzioni di *hegoúmenos* o abate del monastero non era necessario essere un vero e proprio monaco, ruolo che implicava il celibato.

Oltre alle fonti scritte con informazioni sull'amministrazione religiosa della chiesa settentrionale, disponiamo di moltissime iscrizioni, tutte di contenuto religioso, copiate da diverse parti dello stesso complesso. Alcuni sono epitaffi, la maggior parte dei quali pura-

▥ FIG. 118 Nessana, epitaffio del prete Tommaso che cita il "Martyrium".

mente devozionali, altri dedicatori o commemorativi. Ne riportiamo alcuni esempi.

Dalla cappella del *martyrium*:

+*Qui fu deposto il beato Tommaso, sacerdote, in questo sacro martyrium, il 20 del mese di Dius dell'anno 359 [464 d.C.]. Il regno di Cristo, il suo potere e l'onore a coloro che sono degni di Lui* [fig. 118].

+*Qui fu deposto il beato Palladio, diacono, in questo luogo santo, il 15 del mese di Apellaeus dell'undicesima indizione dell'anno 370 [475 d.C.]. Al Padre e al Figlio e allo Spirito Santo, sia gloria nei secoli dei secoli. Amen.*

Dalla stanza n. 7:

Dio di tutti i santi, ricorda... la tua ancella e i suoi figli per intercessione della preghiera della madre di Dio, Maria, e di tutti i santi. Stefano e Mena, i figli del beato Vitali [?]... Signore assisti, san Sergio... Signore Gesù Cristo, salva il tuo servo Salomone.

Dalla stanza n. 8:

San Sergio, aiuta il tuo servo Teodoro... Anno 481 [586 d.C.].

■ FIG. 119 Nessana,
il monastero
settentrionale.

San Sergio e santo Stefano, aiutate il vostro servo Ayyun figlio di Sa'ud figlio di Qasi figlio di Qasi e la sua famiglia e...

Da una collocazione sconosciuta:

+Per la salvezza di Giorgio, figlio di Patrizio, abate. Per il riposo di Anastasia [sua moglie], *figlia di Alessandro.*
+È morto il beato diacono e monaco, il primo giorno del mese di Panemus, nell'anno 465, nella terza indizione [570 d.C.].
+Per la salvezza di Flavio Sergio, figlio di Vittorio l'architetto, e di Vittorio suo figlio, e di Abramo figlio di Abu-Zunain, suo appaltatore. Questo edificio fu terminato il primo del mese di Hyperberetaeus, dell'ottava indizione dell'anno 500 [604 d.C.].

Citeremo più avanti molte altre interessanti iscrizioni.
Passiamo ora a descrivere gli edifici religiosi eretti nella città bassa. Il primo, situato al limite settentrionale del pendio dell'acropoli, fu scoperto soltanto durante gli ultimi scavi da Urman e Shereshevski. È un monastero completo, con cappella (fig. 119).
Tra quest'ultimo e la chiesa settentrionale con le sue pertinenze, c'è un pozzo, scavato nel ripido pendio.

Il monastero ha una struttura di forma rettangolare di 23x15,50 metri. Era composto da due ali erette lungo il muro settentrionale e meridionale della cappella centrale, la quale misura 7,6x3,3 metri; ha un nartece o vestibolo sul lato occidentale e il *bema* con un'abside a est. Sull'altare s'innalzava un ciborio, oggi scomparso, sorretto da quattro colonne: oggi sono rimaste soltanto le cavità da cui partivano due di queste.

Frammenti delle colonnine di marmo dell'altare sono stati ritrovati sul pavimento del *bema*, assieme a pezzi della balaustra, mentre alcuni sono rimasti *in situ*. Sono stati portati alla luce anche frammenti di vetro di due calici liturgici: uno di questi è stato completamente restaurato (fig. 120).

Sparsi sul pavimento della cappella sono stati scoperti molti cocci di tegole in terracotta provenienti dal tetto. Un lintello elegantemente decorato che apparteneva all'ingresso della cappella è stato ritrovato utilizzato come pietra da costruzione in un muro del primo periodo arabo (fig. 121). Ha una croce al centro con ai lati due rosette. Nonostante il suo pessimo stato di conservazione, è possibile leggere sui bracci orizzontali della croce il monogramma greco *IH–XC*, cioè "Gesù Cristo". Sotto i bracci si distinguono le due lettere: *A – Ω* (*alpha – omega*), "l'inizio e la fine".

Un'iscrizione greca più interessante, anche se purtroppo ridotta in pezzi e incompleta, è stata ritrovata anch'essa tra le rovine del monastero. È certamente un testo dedicatorio, forse relativo alla cappella o all'intero complesso (fig. 122). È interessante soprattutto perché cita i nomi delle più alte autorità del tempo:

[+Fu portato a termine] *al tempo di... amato da Cristo* [e...] *e del saggio Cesare Tiberio Costantino, e* [del nostro]

■ Fig. 120 Nessana, calice liturgico.

■ FIG. 121 Nessana, lintello riutilizzato con monogramma di Cristo.

■ FIG. 122 Nessana, iscrizione dedicatoria proveniente dal monastero settentrionale.

metropolita, il santissimo e beatissimo Teodoro [e di...] *eccellentissimo vicario, nell'anno 4...* [indizione...].

La data mancante sull'iscrizione dovrebbe cadere tra gli anni 574 e 578 d.C., quando Giustino II nominò Tiberio Costantino "Cesare". Divenne *Basileus* (imperatore) nel 578.

Il vescovo metropolita di Petra, Teodoro, era la massima autorità religiosa in tutta la *Palaestina Tertia*. È proprio un peccato che manchi il nome del vicario, massima autorità civile della provincia.

Tre piccole croci incise sul pavimento in pietra calcarea della cappella indicavano la presenza di una tomba. Ne sono stati estratti tre scheletri maschili, probabilmente di sacerdoti che avevano servito come padri spirituali nel monastero. I corpi erano stati deposti con le teste rivolte a ovest e i piedi a est.

A ovest del nartece o vestibolo della cappella c'era un atrio quadrato (10,3x8,85 metri) pavimentato con un mosaico bianco molto rudimentale, decorato con quattro medaglioni realizzati con tessere bianche, nere, gialle e arancioni. Una piccola cisterna sotterranea (lunga 3,60 metri, larga 1,80 e profonda 2,70) era stata costruita e intonacata prima che fosse posato il pavimento musivo.

Le stanze e i laboratori del monastero occupavano le due ali lungo i muri meridionale e settentrionale della cappella. In una delle stanze, sotto il pavimento, è stata scoperta un'altra tomba che conteneva lo scheletro di una giovane donna. Indossava un lungo abito nero cinto da un cordone (come mi è stato personalmente detto da Dan Urman, il responsabile degli scavi). Si trattava probabilmente di una delle monache che vivevano nel monastero. E in effetti il nome *matroníkia*, citato tre volte nel pap. 79, suggerirebbe che il monastero era femminile.

Prima di iniziare l'analisi dei reperti cristiani scoperti nella città bassa, vorrei soffermarmi su un interessante graffito che un certo Thaleleus di Nessana, forse un monaco, tracciò su un concio per archi intonacato. Il graffito elenca una lunga lista di sette santi, otto "padri" e tre "madri". Alcuni erano noti monaci egiziani, altri erano stati famosi in Palestina, mentre altri ancora appartenevano alla Chiesa occidentale. La lista forse era usata come una sorta di calendario, com'è stato ipotizzato dagli studiosi:

San Marco, san Bliphimus,
san Manicus, sant'Ambrogio,
sant'Isidoro, san Nonio,
san Panfilo,
padre Romano, padre Manalas,

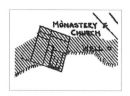

FIG. 123 Nessana,
pianta di chiesa
e monastero sulla piana,
come riportato nel 1914.

*padre Cirillo, padre Zenobio,
padre Chariton, padre Samur,
padre Sabino, padre Germano,
nostra madre Anna,
nostra madre Mathra* [per Martha]*,
nostra madre Pheste.*

Come abbiamo già detto, nella città bassa di Nessana sorgeva una chiesa con monastero che scomparve sotto gli edifici costruiti dai Turchi. Nel 1909 E. Huntingdon pubblicò un disegno della sua pianta, e nel 1914 Woolley e Lawrence ne pubblicarono un altro (fig. 123). Il più importante tra i reperti di quella che è probabilmente la stessa chiesa è l'iscrizione su un mosaico pubblicata già nel 1911 da padre Hänsler, dell'Abbazia della Dormizione a Gerusalemme:

Per la salvezza dei benefattori Sergio, ex funzionario e monaco, e sua sorella Pallus, e il diacono Giovanni, di lei figlio, consigliere della città metropolitana di Emesa. Nell'anno 496, nella quinta indizione, il 20 del mese di Gorpiaeus [7 settembre 601 d.C.].

Per quanto strano possa sembrare che persone di così alto rango di Emesa (oggi Homs) in Siria arrivassero nella remota città di Nessana, in pieno deserto, la loro presenza in tale luogo suggerisce che probabilmente vi si trovassero di passaggio diretti verso il Sinai o che, di ritorno dal Sinai, si fossero fermati a Nessana, facendo una significativa donazione. Il loro particolare interesse per il luogo, tuttavia, potrebbe derivare dalla devozione a san Sergio, il martire siriano, patrono personale anche dell'«ex funzionario e monaco».

Fu durante la prima campagna della spedizione Urman-Shereshevski che uno dei partecipanti, il mio ex

■ FIG. 124 Nessana, rovine della chiesa centrale.

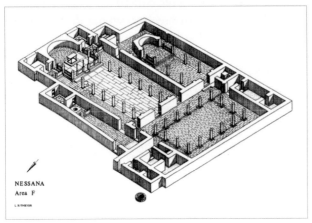

■ FIG. 125 Nessana, veduta isometrica della chiesa centrale.

studente e amico Alon Zehavi, scoprì per caso l'abside di una chiesa sconosciuta sulla piana. Si trattò di una scoperta molto fortunata, perché diede il via allo scavo completo e al restauro parziale di quella che ora è conosciuta come la chiesa centrale di Nessana (fig. 124).

Questa chiesa sorge nella periferia orientale della città bassa, circa 45 metri a est del letto del *wadi* Azuz. Misura 36,5x45 metri, compresa una lunga cappella per il battistero lungo il muro nord, un'enorme cappella

▦ FIG. 126 Nessana,
chiesa centrale,
pastophorium sud.

basilicale lungo il muro sud e un vasto
atrio davanti alle porte d'ingresso della parete occidentale (fig. 125).

Ai lati dell'abside centrale della chiesa sorgevano due *pastophoria* doppi,
pavimentati con mosaici a motivi flo-
reali e geometrici (fig. 126).

Altri mosaici furono trovati in una
piccola stanza o cappella rettangolare, il cui uso è ignoto, situata dietro
il battistero (fig. 127). Per proteggerli,
tutti i pavimenti a mosaico sono attualmente coperti.

Il fonte battesimale in origine era
semicircolare, come quello della chiesa settentrionale, ma successivamente
il suo interno venne riempito di de-
triti e sostituito da una vasca rotonda
molto più piccola posta nel centro,
probabilmente riservato al solo battesimo dei bambini (fig. 128). Incontreremo un caso
simile quando parleremo di Horvat Karkur Illit (cfr.
figg. 157 e 159, cap. 9).

L'accesso all'area in cui era collocato il fonte era ovviamente riservato ai catecumeni e a coloro che pre-
siedevano la cerimonia, cioè il sacerdote e i diaconi. Il
pavimento dell'area era sopraelevato rispetto al resto
della lunga cappella e separato da balaustre. Il pavimento del *pastophorium* nord non si è conservato. Infatti, secoli dopo l'abbandono o la distruzione della chiesa, quella stanza fu purtroppo utilizzata per bruciare
frammenti di marmo, presi dalla chiesa stessa, per la
produzione di calce.

La navata principale della chiesa centrale aveva una
sola abside, preservata solo fino a un metro di altezza.

▓ FIG. 127 Nessana, chiesa centrale, pavimento musivo della stanza dietro il battistero.

▓ FIG. 128 Nessana, battistero della chiesa centrale.

■ Fig. 129 Nessana, chiesa centrale, base in marmo dell'altare.

■ Fig. 130 Nessana, base del pulpito nella chiesa centrale.

Non sappiamo come fosse decorata, se con affreschi o con mosaici. Adiacente alla parte inferiore dell'abside correva un *synthronon* di legno. Lo si desume dai frammenti di cedro del Libano e dai numerosi chiodi trovati sul luogo, nonché dagli attacchi rettangolari conservatisi a una distanza di 0,80 m dalla parete dell'abside, che servivano probabilmente a fissare le gambe dei sedili.

Dell'altare al centro del *bema* è stata ritrovata *in situ* solo la base di marmo (fig. 129).

Nella navata centrale, vicino alla balaustra che circonda il *bema*, è sopravvissuta la base esagonale dell'ambone, o pulpito (fig. 130). Appartenente probabilmente allo stesso ambone, è stata trovata una colonnina di marmo, con una croce incisa sul capitello (fig. 131).

Su un piccolo frammento di balaustra, che apparteneva verosimilmente alla chiesa centrale, si è preservata in parte un'iscrizione greca (fig. 132). Nonostante la sua brevità, si può ritenere che il frammento facesse parte di un versetto biblico:

[Ricordati di me, mio Dio] *e abbi pietà di me* [secondo la tua grande misericordia!].

A mio parere, questa citazione di Neemia 13,22, nell'antica versione greca o dei Settanta (= 2Esdra 23,22), ben si adatta al contesto di una dedica che esprime i sentimenti di un donatore che chiede il perdono di Dio come ricompensa per il suo gesto.

Tornando alla chiesa, notiamo che la navata centrale era interamente pavimentata con grandi lastre di marmo, sebbene solo alcune di esse si siano preservate. Diversi capitelli di montanti, pilastri e colonne, decorati con incisioni di croci e altri simboli cristiani, sono stati trovati sparsi sul pavimento. Le croci erano di forme e dimensioni diverse (fig. 133).

Una croce era incisa sulla rappresentazione di un vaso da cui escono due fiori, simbolo della pienezza di vita (fig. 134).

Un'altra aveva ai due lati altrettanti pavoni, simbolo tradizionale di vita eterna e di resurrezione (fig. 135).

C'è anche l'incisione di un pellicano stilizzato, un uccello che era considerato simbolo di Cristo poiché si pensava che offrisse il proprio sangue per il nutrimento dei suoi piccoli (fig. 136).

▦ FIG. 131 Nessana, colonnina in marmo della chiesa centrale.

▦ FIG. 132 Nessana, chiesa centrale, frammento della balaustra con iscrizione.

▦ FIG. 133 Nessana,
chiesa centrale,
capitello di pilastro
decorato.

▦ FIG. 134 Nessana,
capitello decorato
della chiesa centrale.

▦ FIG. 135 Nessana,
pavoni che decorano
un capitello nella
chiesa centrale.

FIG. 136 Nessana, chiesa centrale, pellicano simbolico che decora un capitello.

Altrettanto interessante è l'incisione di una croce fiorita sul fusto di una colonna, con il noto monogramma composto dalle due parole greche *ΦΩΣ – ZΩH*, "luce-vita", che si intersecano (fig. 137). Si tratta di una formula cristiana collegata a Cristo che nel vangelo di Giovanni viene descritto come «luce del mondo» (Gv 9,5; 12,46) e «datore di vita» (Gv 10,17-18; cfr. anche 1,4). Per quanto mi risulta, questo monogramma ricorre una sola volta nell'epigrafia palestinese (vicino a Neot Qedumim, al centro di Israele), e la sua presenza a Nessana deve essere considerata una nuova prova della completa assimilazione delle antiche tradizioni della Chiesa orientale da parte di quella remota comunità.

Contigua al muro sud della chiesa centrale c'è una grande cappella a forma di basilica, una sorta di chiesa gemella. In questa cappella due file di tre colonne ciascuna separavano la navata centrale dalle due laterali. Solo le basi delle colonne sono state ritrovate *in situ*, mentre molti dei fusti sono stati riutilizzati per altri scopi (fig. 138).

È stato trovato anche un capitello decorato con una croce incisa (fig. 139).

FIG. 137 Nessana, chiesa centrale, monogramma "luce-vita" su fusto di colonna.

■ FIG. 138 Nessana,
cappella basilicale
adiacente alla chiesa
centrale, così come
fu scoperta.

■ FIG. 139 Nessana,
cappella della chiesa
centrale, capitello
decorato.

■ FIG. 140 Nessana,
chiesa centrale, base
di altare con iscrizioni.

Il *bema* di questa cappella sud aveva una sola abside, attorno alla quale corre un *ambulatorium*, un ampio corridoio trapezoidale destinato alle processioni liturgiche. Non sappiamo quale fosse lo scopo di una cappella così solenne, ma possiamo supporre che vi fossero venerate importanti reliquie.

Lungo i muri occidentali della chiesa centrale e della cappella c'è un ampio atrio comune rettangolare, sul quale si aprono i tre ingressi della chiesa e quello della cappella. Non meno di 16 colonne sostenevano il tetto di questo grande spazio (cfr. fig. 125).

Infine, vale la pena di citare la scoperta, fatta in una delle chiese gemelle, di diversi frammenti di una lastra di marmo decorata e con iscrizioni. I frammenti appartengono alla base rettangolare su cui poggiavano quattro colonnine che un tempo sostenevano l'altare (fig. 140). Incise sugli stessi frammenti marmorei, ci sono parti di due brevi iscrizioni dedicatorie in greco, sui due lati lunghi di una cornice rettangolare:

Ricorda, o Signore... i donatori... e Gadimo...
+Al tempo del santissimo Vit[torio, nostro vesco]*vo e padre [?]...*

Il nome del donatore, Gadimo, ricorre due volte anche nei papiri. Ma questa è la prima volta che un vescovo di nome Vittorio appare in Palestina.

Possiamo quindi aggiungere questo nome alla breve lista di vescovi di Elusa, alla cui diocesi apparteneva

Nessana. Abbastanza curiosamente, il pap. 51 è una lettera scritta da Mosè, vescovo di Aila, a un certo Vittorio, ma non ci sono prove che tale Vittorio fosse anche un vescovo.

Alla luce delle informazioni raccolte dai papiri rinvenuti a Nessana, la storia di questa località è il miglior esempio di come la vita andasse avanti nelle città cristiane del Neghev anche dopo l'impatto con la conquista araba. Torneremo sull'argomento nel capitolo finale.

8 BIROSABA: SOLDATI, MONACI, NOBILI

Fonti letterarie e archeologiche relative al periodo romano e bizantino documentano l'esistenza di una grande città nel sud d'Israele in un'area oggi occupata dalla città di Beersheva. Il suo nome si è tramandato in greco con diverse traslitterazioni, come Bersoubee (Giuseppe Flavio), Birosaba (*Onomasticon* di Eusebio) e Berosaba (*Notitia Dignitatum* e Mappa di Madaba) (fig. 141). In latino, san Girolamo continuò a usare la forma Bersabee, seguendo l'antica traduzione della Bibbia dei Settanta. Il nome appare in questa forma nella sua traduzione dell'*Onomasticon* di Eusebio e nella sua *Vulgata* biblica. Anche pellegrini cristiani come lo Pseudo-Eucherio (un vescovo del V secolo) e l'anonimo Pellegrino di Piacenza fanno riferimento a Birosaba. Lo stesso vale per molte iscrizioni greche trovate fra le rovine della città bizantina, a sud-est dell'area occupata da quella che oggi è chiamata la "città vecchia" di Beersheva.

Questa "città vecchia" in realtà fu edificata dagli Ottomani soltanto verso il 1900, e fu proprio durante tale costruzione che vennero casualmente scoperte molte delle suddette iscrizioni.

Padre F.-M. Abel, dell'École Biblique di Gerusalemme, visitò il sito nel 1903 e ne tracciò un disegno, posizionando

▓ Fɪɢ. 141 Birosaba rappresentata sulla Mappa di Madaba.

■ FIG. 142 Birosaba, disegno di p. Abel del 1903 raffigurante le rovine intorno alla città nuova.

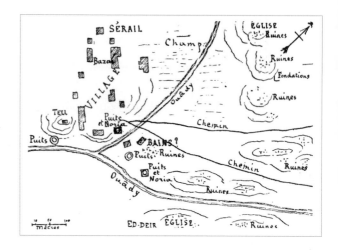

a est delle nuove costruzioni il campo di rovine che aveva visto. Tra queste c'erano due chiese, una a nord-ovest e l'altra a sud-ovest dell'area (fig. 142).

Altre fotografie scattate dall'aviazione militare britannica nel 1917 ci mostrano la collocazione topografica delle rovine (fig. 143).

Purtroppo, gli arabi che lavoravano all'edificazione della nuova città erano soliti vendere le iscrizioni che venivano alla luce, a volte rompendole in pezzi, per cui i diversi frammenti giunsero fino a Gaza, Hebron o Gerusalemme.

La maggior parte delle iscrizioni appartengono a tombe e chiese. Tuttavia, come vedremo, sono stati scoperti anche importanti frammenti di uno o più editti imperiali del VI secolo d.C. che si riferiscono all'amministrazione militare delle tre province romane della Palestina (fig. 144). E in effetti, nell'*Onomasticon* di Eusebio si parla di una «fortezza di soldati romani» come dell'unico aspetto saliente della città.

Il sito di questo accampamento romano è stato recentemente localizzato e in parte scavato da un mio ex

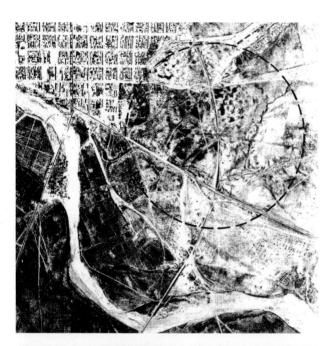

■ Fig. 143 Birosaba, stato delle rovine bizantine nel 1917.

■ Fig. 144 Birosaba, frammenti di editto imperiale.

studente, il dr. Peter Fabian dell'Autorità Israeliana per le Antichità. È molto probabile che le importanti iscrizioni sopra citate, scolpite su grandi lastre di marmo,

131

fossero originariamente esposte sulle mura del forte romano, visibili a tutti. Il loro contenuto, infatti, riguardava l'intera popolazione poiché si trattava di editti che specificavano l'esatta regolamentazione delle tasse che l'esercito romano poteva esigere dai cittadini locali in ciascuno degli insediamenti che vi erano elencati.

Birosaba sorgeva al crocevia di due importanti strade romane che collegavano il nord e il sud, l'est e l'ovest. Tutti coloro che vi passavano avevano la possibilità di leggere i decreti imperiali. La città era probabilmente il centro amministrativo e militare dell'antico *Limes Palaestinae*, il confine ufficiale tra la provincia della Giudea e il regno nabateo indipendente. Secondo lo scomparso prof. Michal Avi-Yonah, dopo l'annessione del territorio nabateo da parte dell'imperatore Traiano nel 106, il *Limes* continuò a essere una regione autonoma, con capitale Birosaba.

Torniamo ora alla rappresentazione di Birosaba sulla Mappa di Madaba (cfr. fig. 141): notiamo che esprime graficamente la rilevanza militare e geopolitica della città. Sembra, infatti, che il mosaicista abbia voluto rappresentare Birosaba come se fosse un accampamento romano, conferendole una forma quadrata. La scritta accanto, d'altra parte, sottolinea l'importanza storica di Birosaba come punto di riferimento per il tradizionale confine sud della Terra Santa: «Bersabee, oggi Berossaba. Il confine della Giudea verso sud si estende fin qui da Dan vicino a Paneas, che segna il confine settentrionale».

Come avvenne per le altre città del Neghev settentrionale, il cristianesimo si diffuse a Birosaba probabilmente nel IV secolo. Si costruirono chiese, venne edificato almeno un monastero e molti epitaffi cristiani furono posti sulle tombe all'interno e all'esterno degli edifici sacri. Alcune delle chiese costruite durante il periodo bizantino erano ancora in piedi nel XIV se-

colo, come riportano i diari di due eminenti visitatori europei, sir John Mandeville e Ludolfo di Sudheim. Le rovine di due di queste chiese sono indicate sul disegno di padre Abel (cfr. fig. 142).

Dei resti di due chiese si parla anche nella relazione pubblicata da Woolley e Lawrence sullo studio da loro condotto alla vigilia della prima guerra mondiale. Questo è l'unico documento in cui è possibile vedere il fonte battesimale del periodo bizantino che i due ricercatori fotografarono nel serraglio del governatore a Beersheva. Il fonte era cruciforme e scolpito in un monolite rotondo. Aveva al suo interno due piccoli gradini che permettevano l'entrata e l'uscita dei catecumeni (fig. 145).

Un'altra scoperta archeologica rivela che la città bizantina di Birosaba non era abitata solo da cristiani ma che vi era presente anche una comunità ebraica. Tra le lastre e le colonnine frammentate delle balaustre della chiesa (fig. 146), è stata infatti trovata una colonnina di marmo con un'iscrizione dedicatoria in aramaico. Do-

■ Fig. 146 Birosaba, frammenti di una balaustra di chiesa.

veva certamente provenire da una sinagoga e non da un edificio di culto cristiano.

Sotto l'amministrazione israeliana e in seguito allo sviluppo urbano della moderna città di Beersheva, sono stati e continuano tuttora a essere effettuati numerosi scavi archeologici.

Nel 1965 Yael Israeli, dell'Autorità Israliana per le Antichità, portò alla luce ciò che restava delle fondamenta di alcune case bizantine, corridoi sotterranei e tombe scavate nella roccia nell'area dell'attuale stazione centrale degli autobus. Sulle pareti di una stanza è venuto alla luce il ritratto di una figura in preghiera (un orante), mentre tracce di simili dipinti murali sono state scoperte l'anno seguente nelle altre tre camere funerarie scavate nella stessa zona. Le camere funerarie contenevano, oltre alle ossa, alcuni oggetti metallici tra i quali anche una piccola testa d'avorio decorata con una croce.

Inoltre, in diversi luoghi della città antica sono stati scoperti resti più o meno grandi di pavimenti a mosaico. Tra i primi a essere ritrovati, ce n'è uno che raffigura un paio di sandali racchiusi in un cerchio, ma non sappiamo se questo mosaico appartenesse a una chiesa o a un altro edificio pubblico (fig. 147).

Un secondo frammento di mosaico mostra una larga cornice composta da una serie di medaglioni di foglie di vite "abitati" da vari animali, tra cui una giraffa, una tigre, un leone, un orso selvatico, un serpente, un cerbiatto e un coniglio (fig. 148). Un terzo include un grande medaglione con i nomi di due funzionari dell'amministrazione civica, Flavio Pietro e Flavio Anastasio.

■ FIG. 147 Birosaba, sandali rappresentati su un pavimento musivo.

Una porzione di mosaico che è ancora *in situ*, ma completamente coperta, sulla riva settentrionale del wadi Beersheva, a sud dell'attuale città, rappresenta un tappeto composto di molteplici schemi geometrici.

Dalla tipologia della maggior parte di questi e altri frammenti musivi si desume che, in origine, erano probabilmente collocati in cappelle, chiese e monasteri. Tuttavia, il loro contesto archeologico non è ancora stato studiato in maniera sistematica.

L'ultimo mosaico trovato faceva parte del pavimento di una grande basilica scoperta a est del mercato municipale e scavata da P. Fabian nel 1995. Un'iscrizione sul mosaico riporta la data del 555 d.C. Il motivo figurativo più interessante è una colomba che porta nel becco un ramoscello d'ulivo.

La chiesa, orientata come consuetudine verso est, è stata nuovamente coperta e i dettagli della sua architettura non sono mai stati pubblicati. Tuttavia, un

Fig. 148 Birosaba, frammenti di mosaico di una chiesa bizantina.

elemento particolare di cui siamo a conoscenza è il transetto, un parziale rigonfiamento in corrispondenza delle navate laterali, nord e sud. Si tratta di un aspetto piuttosto insolito per le chiese dell'antica Palestina. A parte questo caso, si è a conoscenza solo di un'altra chiesa con transetto, quella di Tabgha presso il mare di Galilea.

Un'altra chiesa bizantina di dimensioni minori (24x15 metri) fu scoperta nel 1948 a nord dell'attuale "città vecchia", ma fu scavata soltanto nel 1967 da Y. Israeli. Possiamo chiamarla chiesa settentrionale. Il suo *bema* aveva un doppio pavimento e tra i due livelli è stata scoperta una serie tombe, tra cui quella di un bambino. Diverse stanze furono aggiunte sul lato sud della chiesa; una di esse aveva le pareti decorate con mosaici in vetro di vari colori. Questo complesso potrebbe essere stato uno dei monasteri della Beersheva bizantina.

I nomi dei santi patroni di una di queste chiese sono ricordati in un'iscrizione dedicatoria in cui si legge (fig. 149):

[Il monumento in memoria di santo Stefano] *Proto-martire e il monumento in memoria [topos] di sant'Abramo fu-rono eretti da Severo e* [sua moglie]*, ex voto.*

Pare che tale Severo fosse un eminente aristocratico che contribuì generosamente all'attività edilizia di Birosaba durante il regno di Giustiniano. Il suo nome appare anche in un'iscrizione incisa su una lastra di

marmo che inizia con la citazione del salmo 117,20, secondo la traduzione dei Settanta: «[È questa la porta del Signore]: per essa entrano i giusti».

Fu probabilmente lo stesso Severo a comporre il bell'epitaffio in ricordo di sua moglie:

> *Flavia, santa compagna di Severo, riposa qui. Avendo amato e seguito Cristo, se n'è andata* [all'età di] *40 anni. E* [tu, o Flavia] *prega per i tuoi figli.*

Secondo un'iscrizione, un'altra importante personalità sembra competere con Severo nella sua attività di costruttore. Si tratta di Stefano, a cui è attribuito il nobile titolo di «sapientissimo e illustre archiatra [medico principale] del sacro palazzo».

A quanto ci risulta, pare che Stefano fosse uno dei nomi più comuni tra la popolazione cristiana del Neghev. Lo ritroviamo in numerosi epitaffi, non soltanto a Birosaba ma anche in molte altre città e nei papiri

■ Fig. 150 Birosaba, epitaffio del prete Stefano, figlio di Reginos.

di Nessana. Probabilmente lo si deve alla diffusa devozione per il primo martire cristiano, le cui reliquie si dice siano state trovate nell'attuale Beth Gamaliel nell'anno 415 d.C., e in onore del quale fu eretta una splendida basilica a Gerusalemme nel 439 dall'imperatrice Eudocia.

Il secondo nome più comune nel Neghev era Abramo, probabilmente in onore del Patriarca, che aveva dimorato a Beersheva (Gen 21,31).

Tra le altre persone illustri citate nelle iscrizioni ci sono un altro medico, un avvocato di nome Stefano, morto nel 555 d.C., ed «Elia [figlio] di Promo», uno *scriniarius* (cioè un impiegato incaricato della redazione o conservazione di documenti) morto nel 605.

In ambito militare, troviamo l'epitaffio di «Giovanni, il Tribuno» morto nel 613. Un'iscrizione frammentaria

FIG. 151 Birosaba, epitaffio di Kaioumos di Aila.

riporta anche il nome dell'«*illustre* Anastasio», titolo latino conferito ai funzionari di alto grado.

Grazie a una serie di epitaffi provenienti dalle tombe dell'antica Birosaba, conosciamo i nomi di numerosi membri del clero consacrati al servizio religioso della popolazione. Tra loro, ci sono i diaconi Pietro e Abramo, le diaconesse Sofia e Nonna e il sacerdote Anastasio «che visse 85 anni, tanto a lungo da vedere figli e nipoti» e fu sepolto nella sua chiesa. Un altro sacerdote si chiamava Stefano, figlio di Reginos, «di beata memoria» (fig. 150).

Un'evidente caratteristica della maggior parte delle iscrizioni di Birosaba è il buon livello di chiarezza e l'alta qualità della scrittura. Altrettanto degno di nota è il fatto che molte di esse sono incise su lastre di marmo (mentre in altre città del Neghev erano scolpite nella locale pietra calcarea).

Ne è un valido esempio l'epitaffio di un uomo di Aila, di nome Kaioumos (fig. 151). Morì nell'anno 344 «secondo la gente di Eleutheropolis» (= 543 d.C.). È una datazione tipica delle iscrizioni di Birosaba, a differenza di quelle di molte altre città del Neghev che usavano la datazione di Elusa o «degli Arabi», come gli antichi Nabatei si definivano. L'attuale villaggio di Beth Guvrin sorge lungo la strada che da Beersheva conduce a Gerusalemme. Quando l'imperatore Settimio Severo visitò il sito nel 199 d.C., gli diede il nome di Eleutheropolis, "la città della libertà".

Anche la datazione di Gaza (che ebbe inizio nel 60 a.C.) talvolta veniva utilizzata a Birosaba, essendo quest'ultima situata al crocevia delle strade che collegavano Gaza con il Mar Morto, e Gerusalemme con il deserto del Neghev.

Nonostante il contenuto cristiano di gran parte delle iscrizioni (molte delle quali erano accompagnate da una croce all'inizio o alla fine, altre erano decorate con una croce e una palmetta, mentre un buon numero riportava un'invocazione del tipo «Signore, aiuta Stefano...») ci sono casi in cui emerge un certo sincretismo. Ne è un esempio il lungo epitaffio che citiamo sotto, scritto in esametri greci, in cui soltanto un'invocazione finale di speranza cristiana rivela la vera fede della famiglia che lo compose:

+Sono Giorgio, figlio di Theodotos. Il destino mi ha spento nella mia giovinezza e così ho lasciato nel dolore mio padre e mio zio, che mi hanno allevato e dato un'eccellente educazione.

Oppure: Un destino fatale ha spento, come una lampada, il dolce e grazioso Giorgio, figlio delizioso. Questo giovane Phaeton di Helicon [mitico figlio del dio-sole fatalmente colpito da Zeus] *riposa vicino a suo nonno. Ha lasciato dolore e molte lacrime a suo padre e suo zio. Dodicesima indizione. A 18 anni di età.+ Che Cristo ti conceda riposo, orfano mio!*

Allo stesso contesto di sentimenti sincretistici di fronte alla morte di una persona amata appartiene la scoperta fatta in una delle tombe scavate a Beersheva nel 1904. All'interno di un sarcofago, insieme con lampade di terracotta e vasi di vetro, fu rinvenuta una statuetta di una dea della fertilità. Raffigura una donna nuda, adorna di una collana e di braccialetti, e con le braccia alzate. La sua pettinatura fa pensare a una possibile origine egiziana. La scoperta fu una sorpresa per lo studioso che la rese nota, padre R. Savignac dell'École Biblique di Gerusalemme, essendo la statuetta stata rinvenuta in una necropoli cristiana. Non è impossibile che questa particolare tomba appartenesse a una persona di culto pagano, ma sembra più ragionevole che esistesse una sorta di attaccamento della popolazione ai culti ancestrali, così tipici di questa regione lungo tutta la sua storia.

Un gran numero di tombe a cista scavate nella pietra sono state scoperte in passato – e lo sono tuttora – lungo l'intero perimetro della Birosaba bizantina. Molte sono raggruppate attorno alla chiesa settentrionale. La loro collocazione lungo l'attuale via Tuviahu è facilmente riconoscibile: le autorità religiose ebraiche di Beersheva hanno chiesto che uno speciale tubo ricurvo fosse posto sopra ogni tomba, per collegare lo spazio attorno allo scheletro con l'aria aperta, in modo da permettere libertà di movimento all'anima del defunto che, secondo loro, potrebbe essere stato ebreo.

Circa 60 tombe sono state scavate a sud-est della città negli anni Sessanta. Tre di esse contenevano gioielli. Sono state trovate anche due bare di piombo ornate di croci, rimaste esposte per anni nel locale Museo del Neghev.

Il semplice disegno delle rovine di Birosaba tracciato da padre Abel nel 1903 (cfr. fig. 142) indica il luogo, vicino a una delle chiese, che gli arabi locali chiamano Ed-Deir, cioè "il monastero". È molto probabile che una comunità monastica vi abbia realmente vissuto durante il periodo bizantino. Oggi il sito è un piccolo *tell*, o collina artificiale, a sud della "città vecchia", sulla riva meridionale del *wadi* Beersheva. Non vi sono stati realizzati scavi, ma nelle vicinanze è stato scoperto un mosaico geometrico colorato, esposto per un certo periodo e successivamente ricoperto.

Che dei monaci fossero presenti a Birosaba è certo, perché uno di loro lasciò la città ed entrò nel monastero dell'abate Seridos, vicino a Gaza, dove due famosi monaci, Giovanni e il suo padre spirituale Barsanufio, vivevano in totale reclusione in un giardino.

Fu soprattutto la fama di cui Barsanufio godeva come guida spirituale ad attirare il nostro monaco. Il contatto con Barsanufio avvenne soltanto per corrispondenza epistolare ed è una vera fortuna che non meno di 54 lettere di Barsanufio pubblicate siano indirizzate all'«abate Giovanni di Birosaba». Da tale corrispondenza, apprendiamo che Giovanni era un esperto costruttore di chiese e un buon amministratore. In un caso leggiamo che si era arrabbiato perché la pioggia aveva rovinato i mattoni... A volte è anche critico nei confronti dell'abate Seridos, fondatore e *hegoúmenos* del monastero. Con espressioni colme di pazienza e conforto spirituale, Barsanufio cerca di guidare il suo impulsivo discepolo lungo la retta via. Giovanni era già un monaco e probabilmente il superiore di un monastero a Birosaba quando entrò nel monastero di Seridos con l'unico scopo di vivere vicino ai due grandi padri, Barsanufio e Giovanni, suo discepolo.

Anche le epigrafi locali confermano la presenza di monaci a Birosaba o negli immediati dintorni.

Ad esempio, abbiamo l'epitaffio del 569-570 d.C. di un uomo che era «diacono e monaco». Ho avuto la possibilità di copiarlo dall'originale che mi è stato mostrato in occasione dell'esposizione di iscrizioni bizantine organizzata presso il Museo del Neghev nel 1985.

Non distante dall'attuale città di Beersheva sono state scoperte le rovine di monasteri bizantini. Sebbene ben poco sia stato pubblicato a riguardo, nel capitolo 10 cercherò di riportare le informazioni che sono riuscito a reperire su ciascuno di loro.

9 HORVAT KARKUR ILLIT: UNA CHIESA-CIMITERO

Il sito di questa chiesa era del tutto sconosciuto prima che venisse scoperto da David Alon – mio carissimo amico oggi scomparso e archeologo dell'Autorità Israeliana per le Antichità – che era solito avventurarsi nel deserto nei dintorni del suo kibbutz, Mishmar Ha-Neghev, in cerca di reperti archeologici.

L'attenzione di Alon fu attratta da una serie di cocci in ceramica e da alcuni frammenti di marmo, tra cui uno su cui si leggeva parte di un'iscrizione greca, sparsi su un'area piuttosto vasta nei pressi del *wadi* Karkur. Mi suggerì quindi di intraprendere uno scavo completo di quel sito, che prometteva di essere una basilica cristiana. Dopo aver ottenuto l'autorizzazione dell'Autorità Israeliana per le Antichità e il completo supporto dell'Università Ben Gurion del Neghev, avviai lo scavo nel 1989, concludendolo nel 1995.

▥ Fɪɢ. 152 Horvat Karkur Illit, lo scavo di una stanza annessa alla chiesa.

L'operazione fu portata a termine in sette stagioni di scavi intensivi, per due o tre settimane ogni estate. La maggior parte dei lavori fu eseguita da studenti stranieri e amici israeliani (fig. 152). Nei restanti periodi dell'anno si svolsero invece tutte le attività correlate, tra cui registrare, fotografare, disegnare e restaurare con scrupo-

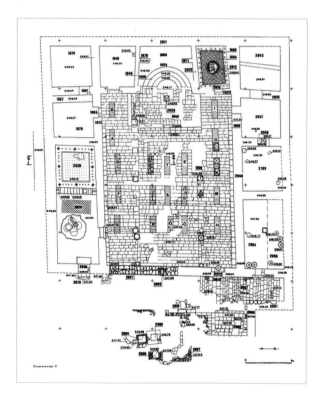

lo gli oggetti, l'analisi scientifica di materiali organici e di altro genere, e la preparazione del necessario per la pubblicazione di una relazione finale, che vide finalmente la luce nel 2004.

Il sito è noto oggi con il nome di Horvat Karkur Illit, che significa "rovine della Karkur superiore", per distinguerlo dal sito delle «rovine della Karkur inferiore» situate circa 10 km a sud-est. Entrambi i siti si trovano lungo il Nahal Karkur.

Karkur Illit rappresenta ciò che resta di una basilica bizantina 7 km a nord dell'attuale Beersheva, e precisamente 2,5 km a est della strada che collega Beersheva a Tel Aviv. La chiesa comprende un nartece e un atrio a ovest, alcune stanze e *pastophoria* a est, e due edifici annessi composti da diverse stanze e cappelle lungo i muri settentrionale e meridionale (fig. 153). La chiesa è orientata verso est, e, se si considerano anche i locali annessi, ha una forma quasi quadrata (m 26x25). La navata centrale è rettangolare (m 23x14). Il *bema* risulta sopraelevato di circa mezzo metro sul livello del pavimento della basilica e vi si accede per mezzo di tre gradini davanti all'altare. Comprende un *synthronon* semicircolare in pietra, anch'esso sopraelevato di tre gradini. Dietro, a quanto pare, non vi era alcuna abside, almeno nell'ultimo periodo di esistenza della chiesa in quanto tale.

Ai lati del *synthronon* si aprivano due *pastophoria* quadrati e, dietro, un magazzino. La sacrestia nord aveva un semplice pavimento in terra battuta, sotto il quale sono stati trovati numerosi frammenti di lampade a olio in vetro. La sacrestia sud, che era probabilmente il *diaconicon*, era pavimentata con un mosaico decorato con un disegno geometrico "a rete" (fig. 154). Un'iscrizione in corrispondenza dell'entrata commemora il funzionario incaricato della chiesa nel periodo in cui venne posato il pavimento: «Realizzato sotto il paramonarios Teodoro, caro a Dio» (fig. 155).

Un'altra iscrizione, all'interno di un grande medaglione al centro della stanza, venne completamente distrutta dal successivo scavo di una tomba.

Le due sacrestie si aprivano sulla chiesa davanti alle navate laterali, separate da quella centrale da due file di cinque colonne ciascuna. Di queste ultime, solo alcune basi sono state trovate *in situ*; i loro fusti erano sparsi in tutta la chiesa, mentre alcuni furono riutilizzati per altri scopi, come per coprire una tomba scavata nel pavimento (fig. 161) o per

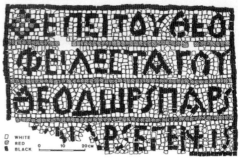

	WHITE	
	RED	
	BLACK	
0 10 20 CM

■ FIG. 154 Horvat Karkur Illit, pavimento musivo del *diaconicon*.

■ FIG. 155 Horvat Karkur Illit, iscrizione nel pavimento musivo del *diaconicon*.

consolidare la pavimentazione sotto il mosaico nel *diaconicon*. Adiacenti ai due lunghi muri della chiesa correvano i sedili in pietra (fig. 156).

Il corpo annesso a nord comprendeva due magazzini quadrati che originariamente erano collegati tra loro, il più occidentale dei quali si apriva anche sull'interno della chiesa. A ovest di questa seconda stanza c'è una lunga cappella che fungeva da battistero, divisa in due parti da uno stilobate (fig. 157). Le due parti sono pavimentate con mosaici a motivi diversi. Quello della stanza più piccola recava una serie di piccoli fiori stilizzati in fila, mentre quello della sala più grande raffigurava un semplice reticolato, di cui una sezione era completamente bianca (fig. 158). I resti del fonte battesimale, scoperti nella stanza più grande, hanno rivelato che nei due periodi in cui venne usato aveva forma e dimensioni diverse. Inizialmente, era costituito da una grande struttura rotonda (m 2,70x0,54), scavata nel pavimento e intonacata con malta, che serviva al battesimo degli adulti. Al suo interno c'era una vasca a forma di quadrifoglio con due piccoli gradini in uno dei lobi e uno in ciascuno degli altri tre. Nella seconda fase, forse dopo un'iniziale distruzione della chiesa, il fonte venne rivestito con lo stesso mosaico bianco che copriva il resto della sala e fu inserita una vasca in monolite (m 0,80x0,80), molto probabilmente per il solo battesimo dei bambini, in uno dei lobi del vecchio fonte, sostituendolo (fig. 159).

Tracce della cornice di un'iscrizione furono scoperte sul mosaico pavimentale all'entrata che dal nartece conduce nel battistero, ma dell'iscrizione vera e propria non è sopravvissuto nulla.

L'annesso sud della basilica consisteva di quattro stanze, più o meno corrispondenti a quelle dell'annesso nord, ma delle quali non conosciamo la funzione. Mentre la più occidentale e lunga aveva un corridoio che si apriva sul nartece, le altre tre erano collegate tra loro e solo quella centrale si apriva anche sull'interno della chiesa.

L'ingresso principale alla chiesa era costituito da tre porte nel muro occidentale, oltre il quale correva il lungo nartece, seguito da un atrio più stretto non ancora completamente scavato. A circa 5,5 metri a ovest del muro occidentale della chiesa fu scavato un profondo pozzo che portava a una cisterna sotterranea (fig. 160). Due piccole vasche di sedimen-

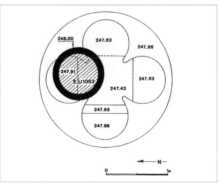

■ FIG. 158 Horvat Karkur Illit, motivi sui mosaici del pavimento.

■ FIG. 159 Horvat Karkur Illit, pianta del fonte battesimale che mostra le due fasi di costruzione.

■ FIG. 160 Horvat
Karkur Illit,
scavo dell'accesso
alla cisterna nell'atrio.

■ FIG. 161 Horvat Karkur
Illit, fusti di colonne
riutilizzati per coprire
una tomba nella chiesa.

tazione sono state portate alla luce a nord e a ovest del pozzo. Attorno alla vasca occidentale, situata 2,5 metri a nord rispetto al centro dell'atrio, sono stati scoperti tre livelli di pavimentazione originali.

L'aspetto più sorprendente del complesso di Karkur è il gran numero di tombe scavate sotto il pavimento della chiesa. Sono 20 in tutto, compresa quella nel *diaconicon*. Ce ne sono cinque in ciascuna navata laterale e nove in quella centrale, tutte allineate in file simmetriche. È possibile individuarle quasi tutte dalla diversa posa delle pietre sul pavimento della chiesa. Due tombe sono state in parte coperte con pezzi di marmo di riuso, un'altra con una lastra di balaustra in pietra. Un'altra ancora è chiusa con tre fusti di colonne (fig. 161), mentre altre tre sono state trovate prive di copertura. È evidente che la collocazione precisa delle tombe era stata accuratamente studiata. Ciascuna di esse era circa un metro al di sotto del pavimento (fig. 162).

Erano tutte piuttosto rudimentali, perlopiù costruite con pietre grossolanamente squadrate; soltanto due sono state ricavate da blocchi ben rifiniti. La copertura più interna consisteva solitamente di quattro pietre. In sei tombe, il blocco di copertura in corrispondenza della testa del defunto, sempre a occidente, era leggermente lavorato a forma di volta per simboleggiare il cielo (fig. 163). Nella tomba di una ragazzina, in corrispondenza della testa c'era una pietra triangolare e a volta, con una croce incisa nel centro. Accanto al teschio sono stati trovati due orecchini d'argento, e vicino al corpo un piccolo contenitore di bronzo per cosmetici. Anche altre tombe contenevano oggetti personali, come due piccoli gomitoli di filo d'oro, che probabilmente facevano parte degli abiti del defunto, alcuni bottoni di bronzo e fibbie di ferro e bronzo. Due piccoli oggetti in vetro di forma rotonda erano probabilmente "specchi magici" contro gli spiriti del male. In una tomba, tre pietre di copertura sono state numerate con lettere greche incise.

Ogni loculo conteneva da una a sei persone, e i corpi erano posti uno sopra l'altro. In tre casi, lo scheletro di un bambino di quattro-cinque mesi è stato trovato sul grembo di una giovane donna. Alcune tombe contenevano i corpi di un uomo e di una donna, altre di un uomo solo. Si può ritenere che per la maggior parte si trattasse di sepolture di membri della stessa famiglia, mentre alcuni dovevano essere monaci o preti.

In ogni caso, questo rilevante numero di tombe familiari è una caratteristica unica nell'archeologia bizantina

▓ FIG. 162 Horvat Karkur Illit, tomba scavata sotto il pavimento della chiesa.

▓ FIG. 163 Horvat Karkur Illit, pietra tombale a volta.

■ Fig. 164 Horvat Karkur Illit, fusto di colonna riutilizzato come reliquiario.

■ Fig. 165 Horvat Karkur Illit, frammento della base di altare.

della regione. È possibile che questa trasformazione di una normale chiesa in cimitero sia stata dovuta a una particolare devozione degli abitanti del vicino villaggio verso il santo le cui reliquie erano contenute nella chiesa stessa. Purtroppo, però, all'interno dell'edificio non c'era nemmeno un vero e proprio reliquiario. Sepolto sotto il luogo in cui doveva trovarsi l'altare centrale, è stato trovato solo un reliquiario improvvisato, consistente in un incavo rettangolare all'interno di un fusto di colonna di riuso, coperto con un blocco di pietra che vi si incastrava a mo' di coperchio. Ma al suo interno non c'era niente (fig. 164).

L'altare sul *bema* non si è conservato, ma si è scoperto che una lastra di marmo, a pezzi, fu riutilizzata in un'altra parte della chiesa. La lastra doveva essere originariamente alla base dell'altare sotto il quale si trovava il reliquiario. Al centro, c'era una piccola croce incisa e un cerchio con dei segni che indicano che probabilmente doveva esserci qualcosa fissato con dei chiodi (fig. 165).

Molti altri interessanti oggetti in pietra, marmo o ceramica sono stati trovati in diverse parti della chiesa e al suo esterno.

Una lapide tombale, decorata con una croce di Malta, è stata scoperta nei campi a sud del sito (fig. 166).

Abbiamo inoltre tre iscrizioni frammentarie incise su lastre di marmo che inizialmente facevano parte di una balaustra e in seguito vennero riutilizzate in altre parti della chiesa. La più significativa è il riferimento a un certo «[Se]lamanos [pre] te di Malath[a]» (fig. 167).

Malatha viene solitamente identificata con Tel el-Milh (oggi Tel Malhata), località che si trova lungo la strada Tel Shoqet-Arad. È quindi molto strano trovare tale riferimento a Horvat Karkur Illit, cioè a 18 chilometri di distanza. Per quanto riguarda la nostra iscrizione, sarebbe più logico identificare Karkur Illit con l'antica Malatha, località nota solo dagli scritti di Giuseppe Flavio, Eusebio di Cesarea e dal documen-

▓ FIG. 166 Horvat Karkur Illit, stele funebre trovata all'esterno della chiesa.

■ Fig. 167 Horvat Karkur Illit, frammento di lastra di balaustra con iscrizione che nomina un prete di Malatha.

■ Fig. 168 Horvat Karkur Illit, frammento di iscrizione che nomina un vescovo.

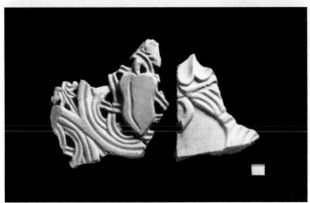

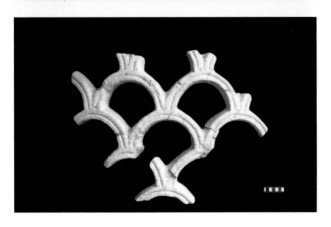

■ FIG. 169 Horvat Karkur Illit, frammento di balaustra in marmo.

■ FIG. 170 Horvat Karkur Illit, elaborati frammenti di balaustra in marmo.

■ FIG. 171 Horvat Karkur Illit, frammento di balaustra in pietra.

153

■ Fig. 172 Horvat
Karkur Illit, frammento
di balaustra in pietra.

■ Fig. 173 Horvat
Karkur Illit, recipienti
e piatti di ceramica dai
locali annessi alla chiesa.

■ Fig. 174 Horvat
Karkur Illit, "croce
cosmica" su un
coccio di ceramica.

to militare romano chiamato *Notitia Dignitatum.*

Un secondo frammento di lastra riporta solo una data, cioè l'anno «615 [secon]do [la gente di] Gaza», che corrisponde al 554/555 d.C.

Su altri tre piccoli frammenti di balaustra si leggono le parole: «+Per la salvezza di Olephos...». Altri frammenti si riferiscono a persone con nomi nabatei, come Kaiamos e Aretas. Su alcune lapidi troviamo spezzoni di frasi come «[egli] morì celibe [?]», e «+Beata... fu condotta a riposare...».

Un altro resto, probabilmente una dedica, sembra riferirsi a un «vescovo» (fig. 168).

Oltre alle iscrizioni, vale la pena accennare all'alta qualità dell'opera scultorea eseguita su una serie di frammenti decorati di lastre di balaustre. Ciò evidentemente dimostra il livello di cultura elevato di coloro che edificarono questa interessante chiesa (figg. 169, 170, 171, 172).

Infine, tra le migliaia di cocci di ceramica raccolti (fortunatamente in alcuni casi l'opera di restauro ha portato alla ricostruzione di anfore, pentole e piatti; fig. 173), c'era un frammento decorato con un'incisione in stile egiziano-bizantino raffigurante una "croce cosmica" (fig. 174): una specie di croce di Malta con un punto in ciascuno degli angoli creati dalle intersezioni dei bracci.

Questo simbolo sta a significare che la redenzione ottenuta per noi da Gesù Cristo con il suo sacrificio sulla croce si estende ai "quattro angoli del mondo".

ALTRE CHIESE E MONASTERI

▨ Tel Masos (Kh. el-Meshash)

Questo sito archeologico è situato a circa 15 km a est di Beersheva, lungo la riva occidentale del Nahal Beersheva, tra due sorgenti. È caratterizzato, perlopiù, dalle rovine di un'antica città in cui sono presenti tracce del periodo Calcolitico, della media età del bronzo e dell'età del ferro, ma difficile da identificare.

Gli unici elementi d'interesse per quanto riguarda l'archeologia cristiana sono i resti di un piccolo monastero costruito nel tardo periodo bizantino, sulle rovine di una fortezza della terza età del ferro (fig. 175).

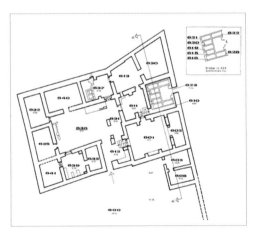

▨ Fɪɢ. 175 Tel Masos, pianta del monastero.

Una spedizione tedesco-israeliana sotto la guida degli scomparsi V. Fritz e A. Kempinski ha effettuato gli scavi dell'edificio e di altre parti del sito tra il 1972 e il 1975. Le rovine sono indubbiamente quelle di una residenza monastica perché vi si riconoscono molti degli elementi necessari alla sussistenza di una comunità cenobitica.

L'edificio rettangolare si articola attorno a un cortile in

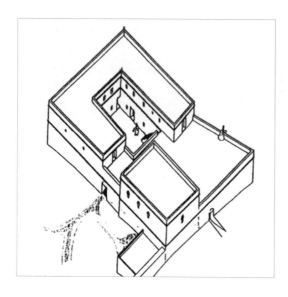

■ FIG. 176 Tel Masos,
veduta isometrica
del monastero.

terra battuta con un'ampia cappella (m 10x6,60) sul lato orientale (fig. 176). Rivolta leggermente a nord, la cappella è interamente pavimentata con lastre di pietra calcarea su entrambi i lati dello stilobate e della balaustra che separa il *bema* dal resto del locale. I tre mezzi pilastri che spuntano a intervalli regolari dal muro settentrionale e da quello meridionale della navata principale della cappella costituivano le basi di tre grandi archi che un tempo sostenevano il soffitto.

Uno degli archi era collocato sopra la balaustra. Si può facilmente immaginare che al di sotto ce ne fosse un altro, molto più piccolo e puramente decorativo che si appoggiava su due colonne di dimensioni medie, le cui basi sono state trovate al centro dello stilobate.

Già prima che fossero avviati gli scavi della cappella, era stata trovata una mensa d'altare. Trasferita al Museo del Neghev a Beersheva, vi è rimasta esposta per diversi anni ed è stata fotografata dal mio ex insegnante, lo scomparso padre B. Bagatti del Convento della Flagellazione a Gerusalemme. Riporta un'iscrizione siriaca in estrangelo (antico tipo di scrittura siriaca) sul bordo e una croce incisa al centro (fig. 177).

Una cripta funeraria fu scoperta sotto la stanza vicino all'angolo nord-orientale della cappella. Vi si accedeva attraverso una porta che si apriva sul muro esterno. In questa cripta c'erano sette pozzi sepolcrali, tutti alti poco più di un metro, accuratamente realizzati in mattoni di pietra calcarea: cinque collocati in fila e altri due lungo i muri settentrionale e meridionale. Solo due pozzi si sono conservati con le loro coperture originali.

Due tombe contenevano tre scheletri, le altre solo due. Tutti i corpi sono stati sepolti rivolti verso est, com'era consuetudine nel Neghev bizantino. Non è stato trovato nient'altro nelle tombe, eccetto in un caso i resti di un paio di sandali.

■ Fig. 177 Tel Masos, mensa d'altare.

Molto interessanti, tuttavia, sono le iscrizioni frammentarie scoperte su diversi pezzi di intonaco. Alcuni di questi si trovavano sopra i coperchi di pietra delle tombe, mentre altri erano sparsi sul pavimento della stanza, essendosi staccati dai muri prima della distruzione del monastero. Le scritte sono perlopiù in siriaco e riportano nomi propri e forse formule cristiane. Alcune parole in greco sono praticamente incomprensibili, ma potrebbero anche rappresentare nomi e abbreviazioni. Abbastanza curiosamente, i caratteri siriaci non erano tracciati nella scrittura palestinese tipica, ma in quella usata nella Siria settentrionale dai cristiani nestoriani.

Basandosi su questo elemento, gli scavatori hanno concluso che il monastero fosse un'istituzione nestoriana, e anche molto tarda, essendo stata eretta quando gli arabi omayyadi governavano già la regione, alla fine del VII o agli inizi dell'VIII secolo. È una deduzione plausibile, dato che sarebbe stato difficile per un gruppo di monaci nestoriani fondare il loro monastero in Palestina sotto il governo dei bizantini ortodossi.

Tuttavia, prendendo in considerazione altri elementi archeologici, è impossibile stabilire una data precisa per la costruzione dell'edificio o la sua specifica affiliazione religiosa.

Le ceramiche rinvenute nel monastero erano identiche a quelle del tardo VII secolo raccolte in molti siti bizantini nel Neghev. Ma ancor più significativo è il fatto che nella relazione finale di questo scavo non è stato riportato alcun ritrovamento di monete. L'assenza di un'abside semicircolare nel *bema* della chiesa, caratteristica di alcune chiese siriane, non è una prova decisiva dell'identità nestoriana del luogo, poiché lo stesso schema architettonico è stato riscontrato anche nel piccolo monastero scavato a Nessana.

Neanche la mensa d'altare semicircolare trovata a Tel Masos può essere considerata prova di una particolare associazione siriana, se si considera che è molto simile ad altre mense trovate in Palestina.

Nonostante l'atteggiamento ufficiale di tolleranza tenuto dalle autorità musulmane nei confronti delle comunità cristiane, i monasteri del Neghev, tra cui Tel Masos, non sopravvissero al destino di urbanizzazione della regione. Tuttavia, la vita monastica continuò in altre parti del Paese, e particolarmente nell'area di Gerusalemme (cfr. Figueras 2000b).

■ Tel Ira (Kh. el-Gharra)

In questo remoto sito nella parte nord-orientale del Neghev sono state scoperte le rovine di un monastero bizantino sui resti di una fortezza israelitica (fig. 178).

Il luogo fu indagato dallo scomparso D. Alon nel 1979 e, in seguito, scavato da I. Beit-Arieh e studiato da A. Ovadiah, entrambi dell'Università di Tel Aviv. La pianta del monastero comprende una cappellina, diverse stanze e un cortile con una cisterna. Una lunga sala potrebbe essere considerata un nartece (fig. 179). La seconda stanza era pavimentata con mosaici bianchi che raffiguravano diversi medaglioni colorati e cornici contenenti altri motivi. Tra questi, una giara, due uccelli, e un leone e un leopardo che catturano un animale con le corna.

Due medaglioni sono stati rovinati dalla successiva apertura di una tomba. Un'iscrizione irreparabilmente danneggiata all'entrata della cappella (fig. 180) legava questa comunità monastica a una speciale devozione per san Pietro, a cui la cappella era probabilmente dedicata:

Pietro, che Dio ci benedica, il nostro Dio, che Dio ci benedica.

La presenza di un monastero in un posto così isolato è un chiaro indice del tipo di vita che i suoi residenti vi conducevano. Di certo, questa era la norma per la maggior parte dei cenobi nel deserto di Giuda.

Il fatto che il monastero fosse edificato sulle rovine di un'antica città non deve sorprendere, dato che

▦ FIG. 178 Tel Ira, vista del *tell*.

▦ FIG. 179 Tel Ira, pianta del monastero.

proprio quelle rovine offrivano un buon materiale per la nuova costruzione e le vecchie cisterne erano già piene d'acqua. È la stessa sorte che subirono le fortezze di Erode distrutte in Palestina (come Masada, Herodion, Hyrcania) e anche molti antichi templi in Egitto.

Horvat Kuseife (Kh. Quseife)

Queste importanti rovine, situate lungo la strada per Arad, corrispondono a un grande insediamento del periodo bizantino. Già nel 1901, nello studio da lui condotto sui siti romani e nabatei del Neghev, il sacerdote A. Musil registrò la presenza di una chiesa in questo luogo. Padre A. E. Mader dell'Abbazia della Dormizione a Gerusalemme, in visita qui tra il 1911 e il 1914, segnalò la presenza di altre due chiese, a sud della prima. A. Ovadiah nel 1970 avanzò l'ipotesi che la chiesa settentrionale (fig. 181) fosse servita da una comunità monastica. Ma questa supposizione potrà essere verificata soltanto quando sul posto saranno condotti veri scavi archeologici.

Allo stato attuale delle cose, non è possibile associare Horvat Kuseife con una delle città menzionate nelle poche fonti letterarie che parlano del Neghev. Ciononostante, alcuni studiosi sono inclini a ritenere che si tratti dell'insediamento civile di Malatha, la cui identifi-

▨ FIG. 180 Tel Ira, atrio davanti alla cappella.

▨ FIG. 181 Horvat Kuseife, pianta della chiesa settentrionale.

cazione è ancora fonte di controversie (cfr. cap. 9).

Horvat Soa (Kh. Sawah)

È un complesso architettonico che
comprende una grande chiesa bizantina (m 19x40). Si trova sul lato meridionale di una collina coperta dalle
rovine di un antico insediamento. La
struttura rettangolare (m 25x8) adia-
cente alla chiesa sul lato sud fungeva, a quanto pare, da
residenza. Questo sito, già citato dallo studio britanni-
co del 1883, fu esaminato ancora una volta da Y. Govrin nel 1992 per conto dell'Autorità Israeliana per le
Antichità, che ne ha anche pubblicato una pianta sche-
matica (fig. 182). L'opinione di Govrin, che condivido
pienamente, è che questo complesso dovesse essere
un monastero. In effetti, la sua collocazione ai confini del villaggio, il numero di stanze spaziose adiacenti
alla chiesa a sud e una torre di difesa (m 8x8) a nord,
sono elementi che ritroviamo in monasteri meglio do-
cumentati, sia del Neghev sia di altre regioni.

■ Fig. 182 Horvat Soa,
pianta del monastero.

Tel Yeshua (Tel es-Sawa)

Questo sito sorge circa 20 km a est di Beersheva, a nord
della strada che conduce ad Arad. È stato associato a un
luogo chiamato Yeshua, dove un gruppo di ebrei si insediarono al ritorno dall'esilio babilonese (cfr. Ne 11,26).
Nel 1914 Woolley e Lawrence sostennero che le rovine di un edificio quadrato sul *tell* erano senza alcun
dubbio quelle di un monastero «con una chiesa sul suo

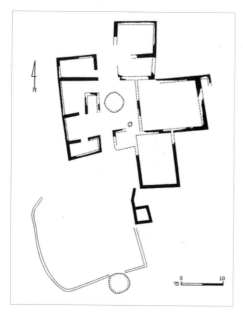

■ FIG. 183 Tel Yeshua, pianta del monastero (?).

■ FIG. 184 Tel Yeshua, mortaio bizantino.

lato nord e le celle allineate a sud. La chiesa aveva una sola abside, quella della navata centrale, mentre le navate laterali si chiudevano con una parete squadrata, e il pavimento era in mosaico bianco semplice». L'ultimo studio del sito, condotto negli anni Ottanta da Y. Govrin per conto del Dipartimento Israeliano per le Antichità, conferma l'identificazione delle rovine con un monastero.

Tuttavia la pianta che Govrin fornisce sembra non corrispondere completamente con la sua relazione scritta (Govrin, 1991) (fig. 183). Potrebbe darsi che la chiesa vista da Woolley e Lawrence sia stata in seguito distrutta e smantellata.

La torre erodiana poteva benissimo appartenere al complesso monastico. Anche in altre località (come Mitzpe Shivta, di cui si parlerà fra poco), sebbene parte dell'edificio fosse usato come fortezza, il resto poteva certamente fungere da dimora per un gruppo di monaci.

Pochi i reperti trovati tra le rovine, tra cui una grande vasca in pietra (fig. 184).

■ Mitzpe Shivta (Mishrefe)

Questo sito si trova sui bordi di un'alta collina che fronteggia una vasta pianura, 6 km a ovest delle rovine dell'antica Shivta o Sobata, che si scorge all'orizzonte. Da ciò deriva l'attuale nome ebraico del luogo, Mitzpe Shivta, che significa "punto di osservazione su Shivta". Gli arabi lo chiamavano Mishrefe, "punto di osservazione" (fig. 185).

Durante la sua visita al sito nel 1871, Palmer lo identificò come una fortezza romana. E lo stesso fece Musil nel 1901. Woolley e Lawrence espressero invece un parere opposto nel 1914, considerandolo senza dubbio un insediamento monastico, una laura, in base ai cocci di ceramica ritrovati sul posto e ai metodi di costruzione.

Anche Wiegand, che fu qui nel 1916, ritenne che si trattasse di un monastero.

Y. Baumgarten condusse uno studio archeologico su Mitzpe Shivta nel 1979 per conto del Dipartimento Israeliano per le Antichità. Si scoprì che la porta occidentale sul muro esterno (fig. 186) dava accesso a un ampio spazio aperto, al centro del quale sorgevano le rovine di un edificio in pietra che misurava 12x14,5 metri. Tale costruzione è stata interpretata da Woolley e Lawrence come un alloggio per forestieri (ospizio) o la residenza del

▥ Fig. 185 Mitzpe Shivta, veduta da nord.

▥ Fig. 186 Mitzpe Shivta, pianta generale del sito.

■ FIG. 187 Mitzpe Shivta,
rovine dell'edificio
centrale.

■ FIG. 188 Mitzpe Shivta,
abside della cappella.

superiore del monastero (fig. 187). Baumgarten non trovò sufficienti riscontri nella struttura dell'edificio per determinare con esattezza quale fosse la sua funzione originale, ma la si potrebbe collegare al forte romano menzionato nel suo diario dall'anonimo Pellegrino di Piacenza, nel 570 d.C. (cfr. cap. 2). Il pellegrino descrive la locanda che lui e la sua carovana visitarono dopo aver lasciato Elusa lungo la strada verso il Monte Sinai attraverso il deserto. La chiamò «un forte, un ospizio [*xenodochium*, termine greco] di San Giorgio, che offre una sorta di rifugio ai viandanti e cibo per gli eremiti» (Wilkinson 1977).

Questa breve e semplice descrizione sembra ben adattarsi al complesso. Sul lato orientale dello spazio aperto c'è una cappella, che comprende una semplice sala per le preghiere di 18,2x6 metri, con un'abside a est (fig. 188) e una stanza rettangolare (m 11,6x4) adiacente al muro meridionale, che sembrerebbe essere stata costruita dopo l'edificio originale. Frammenti dell'intonaco bianco e colorato che un tempo ricoprivano le pareti e l'abside sono stati trovati sulle lastre di pietra del pavimento.

A un livello più basso rispetto alla cappella ci sono diverse stanze, in parte costruite e in parte scavate nella roccia, tutt'intorno al bordo della piattaforma naturale (fig. 189).

Secondo Baumgarten queste stanze erano probabilmente occupate da eremiti. Basandosi sui dati archeologici, lo studioso fa risalire questo sito al tardo periodo bizantino in generale, e sostiene che potrebbe effettivamente trattarsi della locanda menzionata dal Pellegrino di Piacenza.

Concordo con l'interpretazione di Baumgarten, non soltanto perché la collocazione e l'aspetto degli edifici di Mitzpe Shivta (monastici e militari) coincidono con la descrizione data dal pellegrino del VI secolo, ma anche perché il tutto è confermato da riscontri epigrafici.

Al visitatore odierno è possibile vedere due iscrizioni greche: la prima scritta in inchiostro rosso e l'altra, al di sotto, finemente incisa su un mattone a cuneo intonacato dell'arco che conduce in una delle stanze scavate nella roccia (fig. 190). Quella che maggiormente ci interessa è la seconda iscrizione, una preghiera scritta da un uomo di nome Paolo. Era un capofamiglia (sono citate la moglie e la figlia), aveva un certo numero di servi e invocava per tutti loro la misericordia di Dio:

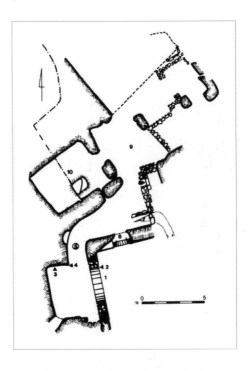

■ FIG. 189 Mitzpe Shivta, stanze intorno al bordo della piattaforma naturale.

> *O Signore, Dio di san Giorgio, abbi misericordia del tuo servo*
> *Paolo, [figlio] di Leitisinos [?], del villaggio di Chosyf [?],*
> *e di sua moglie e sua figlia Nonna... e dei suoi servi*
> *[?] Nilo e Chonas [?] e Phidos e Zoado e Zarolos*
> *[?] e Apdelos e Marzobas e Lois e Stefano [?]...*
> *O Signore, Dio di san Giorgio...*

Facendo un confronto con altri casi simili, possiamo desumere che la preghiera fosse indirizzata al «Signore, Dio di san Giorgio» perché il luogo in cui è sta-

■ FIG. 190 Mitzpe Shivta, iscrizioni greche su un arco.

■ FIG. 191 Mitzpe Shivta, arco di pietra bizantino.

ta trovata era dedicato a san Giorgio, il soldato della Cappadocia martirizzato a causa della propria fede cristiana. Si suppone che la sua tomba si trovasse a Lydda. Tale dedica coinciderebbe con la funzione di un luogo di culto eretto appositamente a servizio dei soldati che abitavano il forte.

In diversi luoghi del Neghev bizantino erano venerati anche altri santi militari, come Teodoro a Oboda, Sergio e Bacco a Nessana, Longino e Teodoro ad Aila. In tutti questi luoghi le chiese costruite per onorarne la memoria erano a servizio di forti e quartier generali militari.

Di conseguenza, se consideriamo i resti della torre e delle fortificazioni intorno alla piattaforma superiore del sito, insieme con la cappella e le caratteristiche monastiche delle celle in cui fu trovata l'iscrizione, risulta logico pensare che il sito non sia altro che l'«Ospizio di San Giorgio» citato e visitato dal Pellegrino di Piacenza.

Altre testimonianze della presenza di una comunità organizzata a Mitzpe Shivta sono due eleganti strutture architettoniche sul lato sud del complesso. Una è semplicemente un arco di pietra, che un tempo faceva sicuramente parte di un edificio (fig. 191). L'altra può essere definita una cappellina o, meglio ancora, una nicchia per la preghiera. Ha un raffinato arco di pietra che si apre sul lato occidentale e le sue pareti interne sono rivestite di lastre di pietra elegantemente rifinite. Date le sue modeste dimensioni, aveva probabilmente lo scopo di ospitare una sola persona che pregava in piedi rivolta a est, come era consuetudine nel Neghev nelle chiese e nelle cappelle dello stesso periodo (fig. 192).

▦ Tel Malhata (Tel el-Milh)

Questo sito si trova circa 15 km a est di Beersheva, ed è oggi all'interno del perimetro di un campo militare israeliano. Gli scavi archeologici hanno portato alla luce un'antica città edomita risalente al periodo tra il XV e il XIII secolo a.C. In seguito è stata scavata anche una dimora bizantina con un pavimento musivo che ritrae una figura umana con le mani alzate e due parole greche ai lati: *kalós kairós* ("bel tempo").

▦ FIG. 192 Mitzpe Shivta, piccola cappella o nicchia di preghiera.

Nel 1949, al Museo del Neghev a Beersheva, a padre B. Bagatti venne mostrato un bassorilievo raffigurante san Giorgio (o un altro "santo cavaliere") a cavallo e nell'atto di uccidere il drago con la sua lancia (fig. 193). Gli fu detto che tale decorazione proveniva da Tel Malhata e, fortunatamente, gli fu permesso di scattarne una foto prima che sparisse. In seguito, l'archeologo pubblicò la foto che qui riproduco (cfr. Bagatti 1983).

▦ FIG. 193 Tel Malhata, bassorilievo di san Giorgio.

Metzad Yeruham

Questo antico e grande insediamento risalente a periodi diversi, si trova circa 1,5 km a sud-ovest dell'attuale città di Yeruham. Nel settore orientale sorge un'ampia struttura (m 26x20) che consiste di dodici stanze disposte attorno a un cortile centrale. R. Cohen scavò l'area per conto dell'Autorità Israeliana per le Antichità. Oltre ai numerosi cocci di ceramica del V o VI secolo sparsi sul pavimento, venne trovato un grazioso lintello in pietra decorato con una croce. Potrebbe essere appartenuto a una chiesa cristiana, che tuttavia non è ancora stata scoperta.

Abu Hof

Si tratta di un complesso di diverse rovine dei periodi romano e bizantino. Si trova a nord della valle di Be-ersheva, nell'area di proprietà del kibbutz Lahav, tra le colline meno elevate della regione di Shefelah. D. Alon fu il primo a notare i resti di due chiese, che scavò negli anni Settanta per conto del Dipartimento israeliano per le Antichità.

Nella chiesa più a nord, nel *bema* e nella navata centrale si sono preservati frammenti del pavimento in mosaico, con rappresentazioni di frutta e verdura all'interno di cornici geometriche e piccole croci (fig. 194).

All'ingresso di questa chiesa, sul lato più interno, agli occhi di chi lascia la navata si rivela un'elegante iscrizione greca (fig. 195) che ripor-

■ FIG. 194 Abu Hof, dettaglio di mosaico della chiesa a nord.

ta la nota citazione del Salmo 117(118),20 secondo
la versione dei Settanta, ma con una lieve variazione
nel testo:

[Apritemi le porte della giu]*stizia: vi entrerò per profes-*
sare [il Signore. È questa la porta del Si]*gnore: per essa*
entrano i giusti.

Al di là di questa porta d'ingresso si apriva un atrio
o un cortile con una cisterna nel mezzo. Due ulteriori
stanze, anch'esse con pavimenti in mosaico, sono state scoperte in quest'area, ma non sono state completamente scavate. Lungo il muro sud della chiesa, che è
una piccola basilica rivolta verso est, c'è un fonte battesimale. Purtroppo la cappella del battistero è molto
danneggiata: a quanto pare era stata costruita sui resti
di un edificio molto più antico, risalente all'VIII secolo a.C.

A circa 60 metri a sud-est di questa chiesa ce n'è una
seconda. La sua collocazione e la sua costruzione sono
molto insolite, poiché la parte orientale dell'edificio,
comprese gran parte del *bema*, l'abside e i due piccoli
pastophoria o sacrestie ai lati, non fu edificata, ma scava-

FIG. 196 Abu Hof, scalinata che conduce alla cripta della chiesa meridionale.

ta nella roccia. Si accedeva al *bema* e alle due sacrestie per mezzo di gradini anch'essi ricavati nella roccia.

In questa strana costruzione è presente anche un'altra caratteristica tipica dei luoghi sacri che erano meta di pellegrinaggio, e cioè la cripta collocata sotto il *bema*. In questo caso la cripta è scavata nella roccia e l'unico accesso avveniva attraverso una scalinata, anch'essa scavata, sul lato meridionale della navata centrale (fig. 196).

All'interno della cripta, la preziosa reliquia che si suppone vi fosse venerata non era conservata in un reliquiario esposto sulla parete est della cappella, come di consuetudine. C'era invece una sorta di apertura nella roccia sul muro ovest, attraverso cui era possibile passare una mano e raggiungere il feretro di una persona sepolta sotto il pavimento della chiesa (fig. 197). Si tratta di una mia interpretazione personale, ma totalmente condivisa da David Alon, che spiegherebbe l'esistenza di una cripta così insolita. Azzarderei perfino l'ipotesi che si tratti della tomba di un monaco santo vissuto e morto in una grotta vicina, e che dopo la sua morte la chiesa sia stata costruita attorno alla sua tomba per renderla accessibile ai devoti. Se così fosse, ricorderebbe il caso del famoso Pietro l'Iberico, il santo monaco monofisita che fu nominato vescovo di Maiumas, il porto di Gaza. Un anno dopo la sua morte, sulla cripta in cui era stata collocata la sua tomba venne costruita una basilica, in modo da permetterne la visita e la venerazione.

La cripta di Abu Hof non ha un'uscita simile e parallela al suo ingresso, diversamente da com'era consuetudine in altri luoghi di pellegrinaggio come Ruheibeh (cfr. sopra, figg. 92-93). C'è invece uno stretto corridoio sul lato nord che gli archeologi sono riusciti a esaminare solo per uno o due metri di lunghezza. Mi chiedo se questo corridoio conducesse alla grotta in cui il presunto monaco santo aveva trascorso la vita ed era morto.

Sul pavimento della navata centrale della chiesa sono stati trovati capitelli irregolari e basi di colonne, evidentemente di riuso.

▓ Fig. 197 Abu Hof, apertura nel muro posteriore della cripta nella chiesa meridionale.

▓ Horvat Sufa (Kh. es-Sufi)

Queste rovine dei periodi romano e bizantino si trovano 2,5 km a nord del kibbutz Hatzerim, 6,5 km a ovest di Beersheva. Nel 1971 Ronny Reich, del Dipartimento israeliano per le Antichità, vi scavò ampie parti del pavimento musivo di una chiesa.

Già nel 1954, sul sito venne scoperto un frammento di una lastra di marmo con una decorazione in rilievo (fig. 198): il motivo principale consiste in una stella a sei punte formata da due triangoli intrecciati, circondata da una ghirlanda e con un giglio all'interno. Un motivo di forma ovale funge da riempitivo tra i sei an-

goli della stella. Questa immagine, comunemente nota come "stella di David", era utilizzata, anche se raramente, sia nelle sinagoghe che nelle chiese con un valore apotropaico o protettivo. Anche il giglio trifoglio o "fleur-de-lis" è un antico motivo decorativo; lo ritroviamo a Sobata, nell'area di spremitura del torchio vicino alla chiesa settentrionale (cfr. sopra, fig. 64).

■ Saadon (Kh. es-Saadi)

Questo sito è una vera e propria città bizantina in rovina, 8 km a sud-ovest di Elusa e 4 km a nord-est di Ruheibeh, sulla riva sud del wadi Saadon (fig. 199). La sua ubicazione isolata, lontana da qualsiasi strada moderna, è la principale ragione per cui è stato praticamente ignorato dagli archeologi. Fu visitato nel 1870 da Palmer, nel 1901 da Musil, nel 1914 da Woolley e Lawrence, e fu fotografato nel 1916 da Wiegand. Soltanto nel 1985 venne complessivamente studiato da J. Shereshevski e R. Rubin, che compilarono

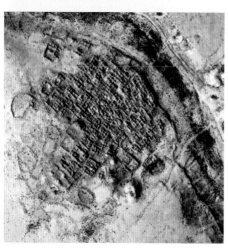

■ Fig. 198 Horvat Sufa, balaustra decorata con una "stella di David".

■ Fig. 199 Saadon, veduta aerea delle rovine.

la prima pianta del sito ma senza effettuare scavi. La città è il più piccolo insediamento urbano del Neghev, ma aveva un pianta quasi completamente ortogonale.

Due chiese, una sul lato nord-est (m 7,5x8,5) e una su quello sud-est (m 7x10,13) dell'insediamento, sono state identificate solo dalle loro absidi (fig. 200). Non si trattava di basiliche sontuose, con file di colonne che sostengono un cleristorio, ma piuttosto di semplici cappelle.

Esiste però un grande edificio nella zona più meridionale della città che avrebbe potuto essere una basilica (m 20x11,5). A ovest della struttura c'era un grande atrio con altre stanze all'interno. Un'altra costruzione vicino alla chiesa consisteva di un gruppo di stanze attorno a un cortile con una cisterna al centro. Shereshevski e Rubin hanno ritenuto, a ragion veduta, che l'intero complesso composto da due edifici e due cortili potesse essere un monastero.

■ FIG. 200 Saadon, abside frammentata di una chiesa.

■ Kh. Amra

Il sito si trova 6 km a est di Beersheva lungo la strada che porta a Gerusalemme passando da Hebron. Si trova di fronte all'attuale villaggio di Omer, tra una scuola e gli edifici della zona industriale. Parte dell'area era abitata sin dall'età del ferro. In seguito si sviluppò fino a diventare un piccolo insediamento, come risulta dai cocci di ceramica, dai blocchi da costruzione, da due cisterne a campana, dalle rovine di una casa colonica (dagli inizi dell'era araba fino al periodo dei Mamelucchi) e di una grande chiesa bizantina. Queste ultime furono scoperte, e contestualmente gravemente danneggiate, soltanto agli inizi degli anni Novanta del Novecento con lo sviluppo di un nuovo piano edilizio.

■ Fig. 201 Kh. Amra, muri della chiesa.

Il mio ex studente Gil Tahal vi ha condotto gli scavi per conto dell'Autorità Israeliana per le Antichità. L'edificio cristiano era una basilica, con un'abside rivolta a est, ai lati della quale si aprivano due stanze quadrate o *pastophoria*. La navata centrale era delimitata da due file di sei colonne ciascuna. La navata laterale a sud si è conservata interamente con lo stilobate, un lungo gradino su cui poggiavano le colonne. Di queste, cinque basi, molti fusti e diversi capitelli decorati con croci sono stati trovati riutilizzati nella costruzione della casa colonica degli inizi dell'era araba.

Sotto il pavimento in pietra della chiesa sono state scoperte nove tombe. Una di esse aveva una lapide decorata con una croce e lettere greche.

Al di là del muro occidentale della chiesa è stato scoperto un atrio al cui centro si apre una cisterna sotterranea. Oggi, però, di questi resti nulla è più visibile (fig. 201).

Sarebbe interessante scoprire se esiste una qualche relazione tra il nome arabo di questo piccolo sito e quello di 'Amr Ibn el 'As, il generale arabo che, dopo aver conquistato l'Egitto nel VII secolo, scelse la regione di Birosaba per trascorrervi gli ultimi anni della sua vita. Approfondiremo questo argomento nel prossimo capitolo.

■ FIG. 202
Tel Beersheva,
sito della cisterna
a ovest della chiesa
bizantina
non ancora scavata.

▓ **Tel Beersheva (Tel Imshash es-Saba)**

Le rovine della città biblica di Beersheva, situate su una collina circa 3 km a est dell'attuale città, furono accuratamente scavate tra il 1969 e il 1975 da Y. Aharoni e tra il 1993 e il 1995 da Z. Herzog.

Quando Woolley e Lawrence visitarono il sito nel 1914, non riconobbero la città israelitica, ma scrissero che «a oriente della cittadella il terreno è molto sconnesso e coperto con cumuli e rovine in pietra; alcuni cumuli potrebbero essere antichi, mentre le rovine sono di origine bizantina e comprendono una chiesa di dimensioni considerevoli (di cui restano solo le fondamenta) con un edificio sul lato orientale...». È difficile riconoscere oggi le rovine di tale chiesa ma le fondamenta dei suoi lunghi muri sono tuttora visibili. Tessere dei mosaici bianchi del pavimento sono sparse per tutta l'area; si trovano perfino frammenti di marmo. A ovest, un'ampia depressione nel terreno indica il luogo in cui, nell'atrio, si apriva una cisterna sotterranea (fig. 202).

Nahal Zetan

A circa 1 km a sud-est di Sobata, al di là del *wadi*, nel corso di uno studio archeologico che Y. Baumgarten stava conducendo per conto dell'Autorità Israeliana per le Antichità, sono state scoperte le rovine di una casa colonica bizantina. Tra le rovine, insieme ad alcuni fusti di colonne, è stato trovato un lintello in pietra frammentato, decorato con una croce racchiusa in un cerchio e con ai lati due conchiglie stilizzate e una piccola rosa. Questi reperti potrebbero provenire da una chiesa bizantina.

■ FIG. 203 Horvat Hur, muro nord della chiesa bizantina.

Horvat Hur (Kh. Hura)

Questo importante sito si trova su due lunghe colline che sovrastano la piana di Beersheva a nord-est. È vicino all'attuale insediamento beduino di Hura, a sinistra della strada che porta dal raccordo di Tel Shoqet verso Arad.

Nel periodo bizantino era un centro fondamentale per l'intera area. Resti di due chiese bizantine sono stati scoperti e descritti da Y. Govrin nello studio da lui condotto tra il 1983 e il 1984 per conto dell'Autorità Israeliana per le Antichità. La scoperta delle chiese era stata registrata un secolo prima dagli archeologi britannici Conder e Kitchener nella loro indagine comprensiva della Palestina occidentale, condotta per conto del Palestine Exploration Fund.

Impressionanti sono i resti di una grande chiesa con muri massicci costruiti con grandi blocchi di silicio (fig. 203).

La basilica, che si trova a nord-est del sito, fu eretta lungo l'asse est-ovest. Ha un'ampia navata centrale che misura 25x19 metri, a nord della quale sono state aggiunte quattro stanze. A ovest della navata principale c'è un nartece seguito da un atrio (m 27x23).

L'atrio ha una cisterna al centro e sei stanze che si aprono sui lati settentrionale e meridionale. Quelle lungo il lato settentrionale sono state compromesse da tombe beduine (fig. 204).

Un contrafforte che sostiene l'angolo sud-occidentale dell'atrio è la prova dei danni che questi edifici bizantini subirono a causa di terremoti, come si è visto anche nel caso della chiesa settentrionale di Sobata.

I resti di un'altra chiesa sono stati scoperti 100 m a sud della strada tra Tel Shoqet e Arad. Anche in questo caso si tratta di una basilica costruita con grandi blocchi in silicio. Il suo interno misurava 26x13,5 metri, con una navata centrale e due laterali. Non c'è alcuna abside sul muro orientale (fig. 205). Nella navata centrale è stato trovato un segmento di pavimento in mosaico, mentre nelle altre parti la pavimentazione è in roccia calcarea. Un nartece e un atrio (m 22x22) si sviluppano a ovest della chiesa;

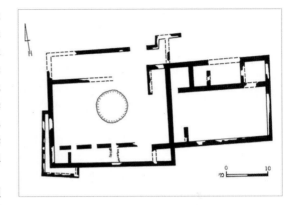

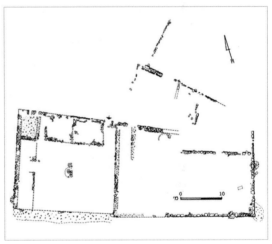

▒ FIG. 204 Horvat Hur, pianta del sito con la chiesa, l'atrio e la cisterna.

▒ FIG. 205 Horvat Hur, pianta della seconda chiesa, atrio e annessi.

due stanze si aprivano sul suo lato settentrionale e una su quello occidentale. Al centro della basilica, è stato chiuso l'accesso a una cisterna a campana, mentre vicino al suo muro settentrionale è stato trovato un frammento di balaustra.

Più a nord, sono venuti alla luce i resti di un'altra costruzione con diverse stanze. Nella pubblicazione dei risultati della sua indagine, Govrin ha inserito anche il disegno di un edificio in rovina indicando che potrebbe essere un monastero, senza tuttavia fornire prove a sostegno di una simile asserzione (cfr. Govrin 1991).

■ Gevaot Bar

I resti di un complesso bizantino sono stati scoperti per caso nel 2006 durante la costruzione di un nuovo insediamento lungo la strada che collega la città beduina di Rahat con la strada Beersheva-Gaza. Il sito è stato scavato da Nir Shimshon-Paran per conto dell'Autorità Israeliana per le Antichità.

Vorrei esprimere la mia gratitudine a Nir, mio ex studente, che ha acconsentito a comunicarmi tutti i dati architettonici di questa strana struttura, che, a suo parere, potrebbe essere un monastero del periodo bizantino.

Il complesso consiste di un edificio principale (m 20x20 ca.) alto due piani. C'era poi un'ala di servizio (m 35x35 ca.) in cui sono stati trovati magazzini e una cisterna per l'acqua. È probabile che ci fosse anche un torchio vinario, un recinto per capre e altre strutture di servizio. L'edificio principale è una cappella rettangolare orientata a est e costituita da due stanze (*bema* e navata centrale) separate da uno spesso muro con un passaggio che si apriva nel centro (fig. 206). Nella parte

■ Fig. 206 Gevaot Bar, vista dell'abside, dell'iconostasi e del pavimento musivo della cappella.

settentrionale di questo muro, che sembrava più un'iconostasi che un muro di separazione, c'era una sorta di finestra. La parte orientale del *bema* è chiusa da una grande abside dal disegno assolutamente irregolare. L'aspetto più interessante della navata è il mosaico che copre tutto il pavimento. Sullo sfondo bianco spicca, al centro, un emblema quadrato preceduto da una grande croce. Il riquadro è diviso in due parti, che iniziano con una strana iscrizione greca, riportata in caratteri molto irregolari e non del tutto comprensibile:

+*Selamon il diac*[ono] *e Optis e Phidos e Sel*[am]*on e Zanis... apo*[krisarios?]. *Dio benedica Betomor con... [?] Amen.*

Il nome *Betomor*, che potrebbe essere tradotto come "casa della mirra", va probabilmente inteso come il nome con cui erano familiarmente conosciute le persone che vivevano in quel complesso. Subito sotto l'iscrizione, l'emblema rettangolare ritrae il motivo simbolico e decorativo di due pavoni posti uno di fronte all'altro con in mezzo un vaso (fig. 207).

Tralci di vite escono dal vaso e formano nove medaglioni, disposti in due file, che racchiudono le fi-

■ Fig. 207 Gevaot Bar,
dettaglio del pavimento
musivo della cappella.

gure di vari animali, tra cui un pesce. Il medaglione centrale nella fila sotto l'iscrizione racchiude una figura umana che solleva le braccia in atteggiamento di preghiera, come un orante. Lo stile semplice e la tecnica modesta con cui venne eseguito il mosaico rivelano il basso livello sociale e culturale di coloro che lo realizzarono.

A ovest della cappella c'era una stanza che fungeva probabilmente da *diaconicum*. Un'altra stanza a est della cappella era pavimentata con pietre da lastricato su cui due profili di forma rettangolare (m 1,7x0,7) sembrano indicare la presenza di tombe poste sotto il pavimento.

Che fosse o no un monastero, il complesso aveva diverse stanze e laboratori adiacenti ai muri della cappella. L'ingresso principale potrebbe coincidere con il luogo in cui è stata trovata una pietra rotonda, simile a quelle che chiudevano i monasteri di Martyrios e di S. Eutimio nel deserto della Giudea.

■ **Moeileh**

È il nome di un sito vicino a Qadesh Barnea che oggi si trova sul lato egiziano del confine tra Israele ed Egitto, nel Neghev centrale. Nel 1903 padre F.-M. Abel, dell'École Biblique di Gerusalemme, scrisse che in questo luogo si trovava una grotta monastica. Secondo la descrizione e il disegno forniti dallo

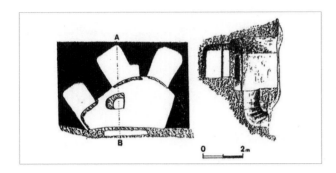

■ FIG. 208 Mo'eileh, disegno della grotta monastica.

studioso (fig. 208), la grotta comprendeva una stanza centrale con ingressi che davano su altre tre stanze. Alcuni gradini scavati nel pavimento dell'ambiente centrale conducevano in un luogo sconosciuto. La forma generale e altri dettagli di questa grotta la rendono simile alle celle monastiche trovate a Ein Avdat e a molte altre nel deserto della Giudea e altrove. Molto probabilmente anche questa grotta, scavata nella roccia calcarea, veniva usata dai monaci nel periodo bizantino, non essendo lontana dalla ricca sorgente di Ein el-Qudeirat, dove, in tempi antichi, veniva sicuramente praticata l'agricoltura. Dalla *Vita di Ilarione*, scritta da Girolamo (cfr. cap. 2), abbiamo appreso che intorno alla metà del IV secolo d.C. nell'area di Qadesh vivevano dei monaci.

■ Horvat Bodeda

Questo sito è un'antica cava situata circa 7 km a nord-est della città di Eilat. Vi si trovano strutture costruite a secco su alcuni dei numerosi cumuli di residui della cava. Queste strutture sono state studiate nel 1965 da B. Rothenberg e scavate nel 1974 da Z. Meshel e B. Sass per conto della Field School di Eilat. Una di esse

FIG. 209 Horvat Bodeda, dipinto murale di una croce e altri motivi nella cappella bizantina.

è risultata essere una cappella, una stanza rettangolare rivolta verso est. Sui muri intonacati sono state scoperte scene primitive, croci e iscrizioni greche, dipinte e incise (fig. 209). La datazione della cappella rimanda al periodo bizantino.

▣ Ramat Matred

Tra le numerose incisioni sulla roccia realizzate in periodi diversi, raccolte e studiate da E. Anati in varie località geografiche del Neghev centrale, quelle classificate come appartenenti allo "stile V" sono considerate risalenti al periodo bizantino. A Ramat Matred, Anati ha trovato una croce con le parti finali dei bracci orizzontali simili a due mani, e una testa in cima. L'asse verticale della croce si divide in tre gambe, come un tripode (fig. 210).

FIG. 210 Ramat Matred, incisione bizantina di una croce su roccia.

▣ Nahal Roded

Nel suo esaustivo libro *A Decade of Archaeology in Israel. 1948-1958*, S. Yeivin riporta l'esistenza di una cappella bizantina in un antico sito minerario presente in questo *wadi*, a nord di Eilat.

■ Fig. 211 Sobila, lapide di una tomba bizantina.

■ Sobila

È l'antico nome di una città menzionata soltanto sulla Mappa di Madaba e nel pap. 39 di Nessana. Sorge a sud-est dell'attuale kibbutz Shoval e vicina alla sezione nord-orientale della città beduina di Rahat. Una pietra tombale appartenente a una sepoltura bizantina, proveniente probabilmente dal cimitero di questa città, è stata trovata spezzata in due parti. Mi è stata mostrata negli anni Ottanta da Youssef, un mio studente beduino di Rahat. È decorata con un'incisione semicircolare con una croce al centro (fig. 211).

La presenza di una simile decorazione in corrispondenza della testa del defunto simboleggiava la volta celeste. È simile a quella trovata sulle pietre tombali a volta della chiesa-cimitero di Horvat Karkur (cfr. sopra, figg. 162 e 163) e in altre tombe dello stesso periodo.

■ Wadi Jaraba

In una delle numerose grotte ai lati di questo *wadi*, situate a nord-est dell'antica Mampsis, G.E. Kirk ha scoperto due singolari iscrizioni greche. Furono probabilmente scritte da un monaco del periodo bizan-

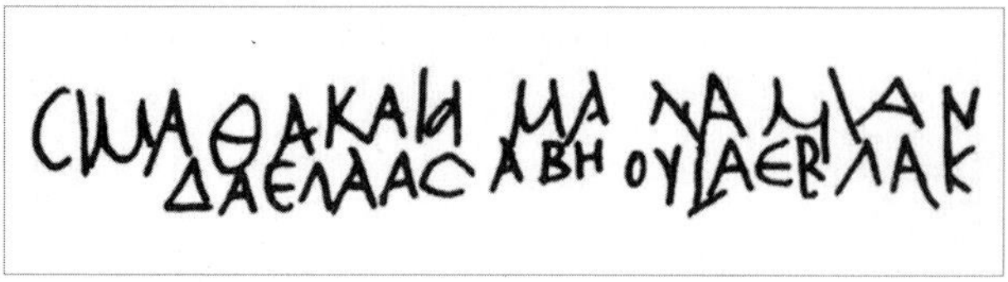

■ FIG. 212 Wadi Jaraba, iscrizione in una grotta.

tino e la traduzione di una di esse potrebbe essere la seguente: «Possa Zoraitha essere ricordata. Belle sono le piante vicino al mare».

La seconda, scritta in caratteri greci ma in lingua aramaica (fig. 212), è stata interpretata così: «Ricchezza sicura è la conoscenza di Dio: desiderala, ed Egli te la donerà».

■ Yotvata

Diverse sessioni di scavi sono state condotte per portare alla luce i resti di un forte romano vicino all'importante sorgente di Ein Yotvata, a sud dell'attuale kibbutz Yotvata, 40 km a nord di Eilat.

Nell'area, scavata nel 2006 sotto la direzione di G. Davis e J. Magness dell'Università del North Carolina, una nicchia semicircolare (larga 1,4 e profonda 0,7 metri) e – a quanto si dice – circondata da due colonnine (?), è stata scoperta nel muro del forte. Si trovava in una delle stanze (*locus* 5015) rivolta verso est (fig. 213) e al suo interno c'era un grosso *ostracon* greco con il noto monogramma greco X-P che sta per *Christós*, Gesù Cristo.

Il fatto che la nicchia in origine non facesse parte di quella stanza, ma sia stata aggiunta nel tardo periodo romano, ha convinto gli scavatori che la stanza potrebbe essere stata usata come cappella. Se è vero, potrebbe trattarsi di uno dei più antichi luoghi di culto cristiani scoperti fino a oggi.

■ Aila (Aqaba)

Un antico complesso edificato con mattoni di fango è stato portato alla luce dagli scavi effettuati nella città giordana di Aqaba, non lontano dal mare, verso la fine degli anni Novanta. Secondo il suo scopritore, S. Thomas Parker, dell'Università del North Carolina, si tratterebbe di una delle più antiche chiese mai scoperte. Le sue fondamenta in pietra sono databili tra la fine del III e l'inizio del IV secolo. È possibile identificare l'edificio come chiesa, secondo Parker, per via del suo orientamento verso est, della pianta (tipica delle basiliche) con una navata centrale tra due laterali, e di alcuni manufatti rinvenuti, come frammenti di lampade a olio. La navata centrale e quelle laterali, insieme, misurano 26x15,5 metri e, a quanto risulta, erano coperte da soffitti a volte. L'abside era rettangolare. Una scalinata, di cui rimangono sette gradini in pietra, fa pensare a un secondo piano. Solo parte della balaustra è stata scavata, ma di essa sono venute alla luce due diverse fasi di fondamenta in pietra. Tracce di figure in rosso e nero, di difficile interpretazione, sono rimaste impresse sull'intonaco bianco di una parete della navata centrale. Nei pressi delle rovine della chiesa, è stato scavato anche un cimitero del

IV secolo. Frammenti di una croce in bronzo sono stati scoperti in una delle tombe.

La chiesa di Aila è stata utilizzata per meno di un secolo. Le monete più recenti ritrovate in essa risalgono al regno di Costanzo II (337-361 d.C.), per cui si desume che l'edificio sia stato distrutto dal terremoto che, secondo le fonti storiche, devastò la regione nel 363 d.C.

Secondo Parker (1998), «la costruzione di una chiesa come questa implica (…) l'esistenza di una prospera comunità cristiana ad Aila, che aveva le possibilità economiche per edificare questa monumentale struttura pubblica al volgere del IV secolo».

Va detto, in tutta onestà, che gli studiosi sono piuttosto scettici circa l'identificazione di queste rovine con quelle di una chiesa. Questo perché nessuna delle illustrazioni allegate alla relazione di Parker mostra un'indiscutibile somiglianza con una basilica cristiana, come invece lo scavatore afferma.

Si è già detto (cfr. cap. 2) che Aila era sede episcopale già nel 325 d.C., e che le origini della comunità cristiana in questa importante città-porto potrebbero risalire alla presenza dell'esercito romano. A sostegno di questa mia affermazione, interviene la rappresentazione di due santi militari su altrettanti capitelli bizantini trovati in quest'area (cfr. figg. 12, 13).

A partire dal VI secolo d.C., disponiamo di un'indiscutibile fonte scritta che indica l'avanzato livello di vita cristiana raggiunto dalla comunità di Aila. La fonte riporta la presenza di un certo numero di monaci sia in città che nei dintorni. In effetti, su una lista del clero che partecipò al Concilio di Costantinopoli indetto dall'imperatore Giustiniano nel 536 contro l'eresiarca Antimo, c'è anche il nome di «Giovanni, per misericordia di Dio, prete e monaco» che firma «a nome di tutti i monaci di Aila nella *Palaestina Tertia*». Questo riferimento è una prova importante non solo del fatto che nella regione c'erano molti monaci, ma anche che questi appartenevano a una comunità di denominazione ortodossa e sufficientemente organizzata da mandare un proprio rappresentante al concilio.

Una fonte molto più tarda, la cosiddetta *Notitia Graeca Episcopatuum*, aggiunge una nota interessante sull'episcopato di Aila: «Sotto la sua giurisdizione c'è il monastero di Arsenio il Grande». Non sappiamo precisamente dove fosse questo monastero, ma è certo che doveva trovarsi nell'ambito giurisdizionale del vescovo di Aila e non molto lontano dalla città. È possibile che sorgesse nei dintorni del Monte Sinai. Lo scrittore monastico Giovanni Mosco fa riferimento a una certa «laura degli Ailaniti». La laura era stata fondata in quei luoghi nel VI secolo da un certo «abate Antonio» ed è sempre là che l'«abate Stefano» svolgeva le sue funzioni di prete.

I rapporti tra i monaci del Monte Sinai e la popolazione di Aila ci sono noti anche da altre fonti. Secondo un'iscrizione scoperta su una trave del tetto della basilica del Sinai, anche un altro Stefano, costruttore della stessa intorno alla metà del VI secolo, era di Aila. Verso la metà del VII, Anastasio, un monaco del Sinai, scrive della visita fatta dal vescovo Sergio di Aila all'abate del Sinai che era sul letto di morte. La stessa fonte racconta anche la storia di un famoso monaco del Sinai che, prima di morire, convocò uno dei suoi fratelli spirituali di Aila.

Tel Qerayot (Kh. Qaryatein)

L'attribuzione del nome Qerayot deriva dall'originale nome arabo di questo insediamento, che ci richiama alla mente il discepolo che tradì Gesù, Giuda

■ FIG. 214 Tel Qerayot, mosaici del pavimento della chiesa.

■ FIG. 215 Tel Qerayot, frammenti di mosaico del pavimento.

Iscariota ("l'uomo di Qerayot"). Due intere sessioni di ricerche archeologiche sotto la direzione di Y. Govrin sono state dedicate allo scavo di una chiesa bizantina situata sul limite occidentale di questo insediamento. La prima si svolse nel maggio 1991, la seconda tra luglio e agosto dello stesso anno.

Lo scavo di questa chiesa non è stato completato né sono mai state pubblicate le misure esatte dell'edificio. L'intero fianco orientale è stato smantellato e asportato, fino alle fondamenta, ma l'abside centrale è ancora riconoscibile. Il fronte esterno dei muri era stato realizzato utilizzando grandi pietre rifinite, con una struttura simile a quella tipica del periodo ellenistico ed erodiano. Il pavimento del *bema* era un elegante mosaico colorato raffigurante medaglioni e rettangoli che originariamente racchiudevano figure di animali (fig. 214).

Queste ultime, tuttavia, furono sostituite da rudimentali tessere bianche nel periodo iconoclastico (730-787 d.C.). La stessa sorte toccò al grande mosaico che copriva tutta la navata centrale della chiesa, in origine un tappeto di grossi medaglioni formati da tralci di vite con grappoli d'uva che fuoriuscivano da un'anfora centrale sul lato ovest.

Situazione ulteriormente aggravata dal furto, ad opera di ignoti, di ampi segmenti di queste opere musive (fig. 215), avvenuto quasi immediatamente dopo la loro scoperta.

Sparsi in tutta l'area del sito, all'interno e all'esterno della chiesa, sono stati trovati diversi elementi architettonici come basi di colonne e capitelli decorati con croci, pezzi di marmo provenienti da balaustre, frammenti di intonaco rosso e verde, e un gran numero di tessere bianche.

Hatzerim

Secondo lo scavatore, di recente è stato scoperto un intero monastero nell'area occupata dalla base aerea israeliana di Hatzerim, situata a sud-ovest di Beersheva, a circa 6 km di distanza. Il complesso comprende una serie di stanze con una cappella centrale e un piccolo cimitero con nove tombe. Gli scheletri sono tutti di uomini adulti, molto probabilmente membri della locale comunità monastica. Colgo l'occasione per ringraziare il mio collega Haim Goldfuss, che ha accettato di fornirmi i risultati del suo scavo prima che venissero ufficialmente pubblicati.

11 L'INVASIONE ISLAMICA E LE SUE CONSEGUENZE

La conquista araba della Palestina che ebbe luogo nel VII secolo d.C. non fu il risultato di una o due vittorie dei musulmani sull'esercito bizantino conseguite in battaglie aperte e accuratamente pianificate. Stratagemmi e tattiche di guerriglia giocarono un ruolo ben più importante. Battaglie decisive come quella di Yarmuk del 20 agosto 636, o la conquista finale di Gerusalemme e Cesarea, furono precedute da un certo numero di scontri ben riusciti a livello locale. Questi assalti venivano condotti contro villaggi e postazioni militari indifese, da cui i musulmani partivano poi per espandere il loro dominio su fasce di territorio sempre più ampie. Secondo le fonti, i primi attacchi dei musulmani nella Palestina del sud, a partire da Aila sul Mar Rosso, poterono essere sferrati solo grazie alla defezione delle unità di arabi cristiani che erano state assoldate dall'imperatore come guardie di frontiera. I musulmani non incontrarono alcuna seria resistenza nella loro marcia attraverso il Neghev e il vicino Sinai fino alla regione di Gaza, dove colsero di sorpresa l'esercito bizantino.

Il nome del villaggio dove i musulmani combatterono la loro prima vera battaglia sul territorio palestinese è riportato in modo diverso da fonti arabe e bizantine. Nelle prime si parla di «Ran», nelle seconde di «Dathin». Una fonte siriaca si riferisce al luogo chiamandolo «Ajnadein», 12 miglia a est di Gaza. Nessuno di questi nomi, tuttavia, corrisponde a una località nota nella regione.

È ovvio che gli arabi musulmani che conquistarono le tre province palestinesi dell'impero bizantino dopo la morte di Maometto non avevano come obiettivo prioritario quello di distruggere le chiese e uccidere le comunità cristiane che avevano popolato il Neghev e reso il deserto fiorente come mai prima di allora. Tuttavia, è anche evidente che la loro conquista rappresentò l'inizio della fine della presenza cristiana nella regione.

Le fonti scritte non ci aiutano molto nello scoprire i fattori militari che precedettero il decisivo abbandono delle città da parte degli abitanti bizantini. D'altra parte, una corretta interpretazione delle testimonianze archeologiche non è così immediata da escludere che sia stata una qualsiasi altra causa, come per esempio un disastroso terremoto, a provocare realmente l'abbandono della regione da parte della popolazione locale.

Casi di diserzione come quello di Oboda, dotata di un'area fortificata che avrebbe potuto facilmente proteggere tutta la sua popolazione, possono essere più facilmente compresi se si pensa a una distruzione causata da un terremoto. Ad Avdat non è stata scoperta nessuna iscrizione successiva al 617 d.C. La stessa cosa potrebbe essere successa anche a Mampsis, dove non è stato registrato il ritrovamento di alcuna lapide o pietra tombale. A. Negev, il suo principale scavatore, era convinto che Mampsis non fosse sopravvissuta dopo il VII secolo. È plausibile che, quando i musulmani conquistarono la regione, i suoi abitanti cristiani avessero già abbandonato la città. Potrebbe essere stata la conseguenza dell'incursione di qualche tribù saracena mai del tutto controllata dall'autorità bizantina, o il risultato di cause fisiche non ancora individuate dalla ricerca archeologica.

Non sono in grado di trovare un denominatore comune per la scomparsa di ogni singola città o villaggio del Neghev bizantino. È certo tuttavia che l'invasione islamica condotta, subito dopo la morte di Maometto, dalle truppe del suo successore, Abu Bakr, non ne sia stata l'unica causa.

Come abbiamo visto, a Nessana la vita continuò prospera e organizzata fino alla fine del VII secolo, come attestano i papiri fino al 689 d.C. A Sobata non meno di dieci dei venti epitaffi scoperti nel complesso della chiesa settentrionale furono scritti dopo la conquista musulmana. Uno di essi è quello del «tre volte beato Stefano, figlio di Giovanni il vicario» che morì il 21 novembre dell'anno 646. Nella chiesa meridionale della stessa città, la ristrutturazione del pavimento della chiesa venne effettuata mentre la comunità era già sotto il dominio musulmano, nel 639. Questa data è commemorata in un'iscrizione che riporta anche il nome del vescovo Giorgio, che continuava a prendersi cura degli affari della sua diocesi di Elusa.

L'ultimo epitaffio di Sobata è dell'anno 679, ma a quanto pare la vita cristiana proseguì molto più a lungo: gli arabi costruirono la loro piccola moschea accanto al muro nord del battistero della chiesa meridionale, senza alcuna intenzione di turbare le cerimonie religiose che vi si celebravano (fig. 216).

Neanche Birosaba sembrò aver perso la sua attrattiva a causa dei drastici cambiamenti politici. Al contrario, sappiamo che il famoso generale musulmano Amr Ibn el-As, che conquistò l'Egitto per gli arabi nel 640, scelse proprio questa città come luogo in cui trascorrere gli ultimi anni della sua vita. Questo fatto è stato riportato da due cronisti musulmani, Al-Bakri e Yakut. Quest'ultimo scrisse: «As-Saba è una regione della Palestina. (...) Ci sono sette pozzi, e da ciò deriva il suo nome.

■ Fɪɢ. 216 Sobata, rovine della moschea annessa al battistero della chiesa meridionale.

Appartiene ad Amr Ibn el-As; là egli visse, dopo essersi ritirato dalla vita pubblica». Kh. Amra (cfr. cap. 10), vicino all'attuale villaggio di Omer, lungo la strada che porta da Beersheva a Hebron, potrebbe richiamare nel suo nome proprio la presenza di quel generale nella regione.

A mio parere non va sottovalutato ciò che gli arabi scrissero di se stessi riguardo a questo particolare periodo di transizione, anche se tali scritti potrebbero risultare poco obiettivi e storicamente inesatti. In mancanza di informazioni più esplicitamente dirette da parte di fonti arabe, è certamente appropriato citare una delle fonti riportate dal cronista siriaco Dionigi di Tel Mahre, patriarca giacobita (siro-ortodosso) dall'818 all'842:

«Dopo la morte di Maometto [632 d.C.], Abu Bakr divenne re e inviò un esercito di 30 mila arabi per conquistare la Siria durante il primo anno del suo regno. (...) Mentre ispezionava le sue truppe all'esterno della città, Abu Bakr le esortava con queste parole: "Nella terra che invaderete non uccidete i vecchi, né i bambini, né le donne. Non costringete lo stilita a scendere dalla sua colonna e non tormentate chi vive in solitudine. Essi hanno dedicato la loro vita al servizio di Dio. Non tagliate alcun albero [da frutta], né danneggiate i raccolti, né mutilate gli animali domestici, grandi o piccoli. Ovunque sarete bene accolti da una città o da un popolo, stringete un solenne patto con loro e concedete valide garanzie che saranno governati secondo le loro leggi e secondo le pratiche che seguivano prima del nostro arrivo. Vi pagheranno per contratto un tributo per la somma che pattuirete e poi saranno lasciati in pace a seguire la loro confessione [religione] nel loro paese. Ma quanto a coloro che non vi accoglieranno bene, dichiarate loro guerra. State attenti a rispettare tutte le leggi giuste e i comandamenti che vi sono stati dati da Dio per mezzo del nostro profeta, per non suscitare l'ira di Dio"».

Leggendo questo testo, si ha l'impressione che sia stato probabilmente scritto *post eventum*, vale a dire inventato dopo la conquista della Siria, in modo che nessuno potesse dichiarare o affermare che l'intenzione degli invasori fosse realmente quella di saccheggiare, distruggere e uccidere. Numerosi casi di simili crudeltà saranno certamente avvenuti, come riportano altre cronache contemporanee. Tuttavia, i veri responsabili vollero preservare il proprio onore. Se crudeltà e distruzione non avvennero ovunque, non fu tanto grazie alla buona volontà degli invasori, quanto piuttosto per la saggezza e la sagacia delle autorità ecclesiastiche che rappresentavano o che si resero rappresentanti del potere civile o imperiale. Ve ne sono esempi espliciti, e il più noto di tutti fu la capitolazione di Gerusalemme grazie al patriarca Sofronio. Riportiamo la parte finale della storia nelle parole di Dionigi di Tel Mahre, che la narrò nella sua *Cronaca siriaca*:

«Ecco come Omar arrivò a Gerusalemme. Cavalcava un cammello. (...) Allora i capi della città uscirono per andare incontro al re che si stava avvicinando. Uno di loro era l'uomo che gli arabi chiamavano Abu Juaydid, l'altro era il vescovo, Sofronio. Strinsero un patto e giurarono, ed egli scrisse lettere ufficiali, com'era loro desiderio, riguardo alle loro chiese e alle loro usanze. Accettarono l'amnistia e tutti i giuramenti che riguardavano la Palestina. (...) L'accordo venne trascritto e avallato da tutte le diverse parti. Quindi finalmente il re Omar entrò a Gerusalemme».

In molti casi, gli invasori si comportarono così correttamente che alcuni storici non vedono molta differenza tra la posizione assunta dai musulmani nei confronti della popolazione cristiana e i rapporti esistenti tra le autorità bizantine e le tribù arabe cristiane il cui compito principale era la difesa dei confini orientali dell'impero.

Non condivido del tutto questa opinione, ma è vero che la vita nelle città cristiane della regione, a livello culturale, religioso, economico e perfino amministrativo, continuò a svolgersi come prima, con pochissimi cambiamenti. Non si riscontra né la distruzione sistematica di edifici pubblici o privati, né il divieto del libero commercio e della libertà di movimento dei cittadini, né la drastica destituzione di coloro che ricoprivano cariche amministrative, religiose o perfino politiche. Quello che si osserva è l'aggiunta di una serie di nuove tasse che resero la vita della gente molto più difficile di quanto non lo fosse sotto i governatori bizantini. Se prima si pagavano solo tasse pubbliche, le cosiddette *demosia*, ora ai cristiani venivano imposte due o tre nuove tasse più personali, come risulta dai papiri di Nessana. Le tasse comprendevano:

1. Un'imposta pro-capite (chiamata *jizzah* in arabo ed *epikephalia* in greco), che gravava su tutti i sudditi non musulmani nelle terre conquistate, senza esclusione di monaci e clero.

2. La cosiddetta *rizeq*, una speciale indennità annuale per il mantenimento dell'esercito musulmano (simile all'antica *annona militaris*). Questa tassa veniva pagata a intervalli irregolari, in natura (grano e olio) o in denaro.

3. Un'altra tassa, citata nel pap. 81 di Nessana, di cui non sono chiari né la tipologia né il nome, ma che emerge da un resoconto di ricevute di tasse in natura.

4. C'era infine una tassa sulla terra, registrata dal pap. 58 di Nessana, che si basava sulla ridistribuzione delle terre dopo una relativa indagine condotta dagli arabi (in greco, "*geometria* dei Saraceni").

Imposte a parte, all'amministrazione locale era richiesto, come già prima della conquista, di provvedere ai servizi pubblici obbligatori. È stato trovato un documento ufficiale indirizzato da un certo Giorgio a un altro Giorgio *dioikétes Nestánon* ("amministratore provinciale di Nessana"), a nome di un'autorità superiore della provincia che non viene nominata. Il primo Giorgio scriveva al secondo per accertarsi «che tu abbia già pronti due cammelli e due contadini che dovranno svolgere servizio obbligatorio da Cesarea a Schythopolis [Beth Shean]. Tieni a mente che lui vuole cammelli resistenti...» (pap. 74 di Nessana). È probabile che il servizio obbligatorio menzionato si riferisca al trasporto di rifornimenti richiesti da un contingente di truppe militari. Gli abitanti di Nessana erano pronti a collaborare svolgendo le funzioni di esattori delle tasse. Tuttavia, essi stessi risentivano del «pesante fardello» costituito dall'ingente tassazione imposta ai sudditi cristiani dai governanti musulmani, e le loro proteste (pap. 75, cfr. cap. 7) probabilmente non vennero mai accolte.

Dopo circa cinquant'anni di coraggiosa resistenza ai pesanti colpi inferti dalla nuova pressione fiscale, che gradualmente distrussero l'agricoltura, il commercio e l'economia in generale, gli abitanti cristiani di tutte le città del Neghev furono costretti ad abbandonare le proprietà e le chiese. L'archeologia dimostra che in molti casi, almeno per un certo periodo, le tribù arabe nomadi occuparono edifici pubblici e privati. Occupazione che non portò ad altro che al saccheggio e alla distruzione degli edifici stessi.

Fu questa la tragica fine di un periodo di splendido sviluppo, a tutti i livelli, che conobbe la società cristiana che aveva popolato il Neghev per oltre trecento anni.

GLOSSARIO

Abside = in una chiesa, nicchia semicircolare coperta da una semicupola o una mezza volta, di solito sul lato orientale dell'edificio.

Aniconico = privo di figure umane o animali.

Antropomorfo = che ha forma umana.

Apotropaico = detto di ciò che è inteso a proteggere contro il male.

Architrave = trave di pietra, o di legno, sorretta orizzontalmente da due o più colonne.

Balaustra = in una basilica, un basso divisorio in pietra che separa il presbiterio dalla navata centrale.

Bema = presbiterio o santuario; la parte della chiesa attorno all'altare principale, solitamente sopraelevata di due o tre gradini rispetto alla navata centrale, da cui è separata da una balaustra o transenna.

Betilo = pietra utilizzata come rappresentazione simbolica della divinità.

Caravanserraglio = sorta di locanda-ristoro in cui le carovane facevano tappa per la notte.

Cenobitico = relativo a un cenobio, un monastero per monaci contemplativi.

Ciborio = sorta di baldacchino sull'altare principale, sorretto da quattro colonne.

Cleristorio = in una chiesa, la parete superiore della navata centrale ospitante una fila di finestre.

Concio = blocco di pietra squadrato utilizzato per costruzioni.

Diaconicon = stanza o cappella destinata alla conservazione degli oggetti usati nelle celebrazioni liturgiche (calici, paramenti, libri).

Esedra = in architettura, incavo semicircolare spesso sormontato da una mezza cupola, ma anche spazio rettangolare circondato da colonne.

Genizah = locale destinato alla conservazione dei libri sacri o di documenti importanti non più in uso.

Iconostasi = nelle chiese orientali, parete di legno che separa la parte più interna del santuario dallo spazio destinato al pubblico, di solito decorato con immagini di santi.

Indizione = nel sistema fiscale bizantino, un anno ogni quindici, durante il quale si dovevano pagare le tasse.

Lintello = pietra orizzontale posta sull'ingresso di un edificio a sostegno di una sovrastruttura.

Martyrium = chiesa o cappella che commemora un martire.

Monofisita = aderente alla dottrina secondo cui Gesù Cristo è solo Dio, non uomo.

Orante = figura dipinta o scolpita di una persona in atteggiamento di preghiera, con le mani alzate.

Ostracon = frammento di ceramica recante una breve iscrizione.

Pastophorium = in una chiesa, locale che fiancheggia l'area dell'altare.

Serraglio = in Oriente, un palazzo, un edificio ufficiale.

Stilobate = base continua di pietra che sorregge una fila di colonne.

Synthronon = sedile di legno o pietra lungo l'abside principale di una chiesa, usato da sacerdoti e diaconi durante le cerimonie liturgiche.

Tirso = bastone sormontato da una pigna, attorno al quale erano avviluppati edera e foglie di vite, attributo del dio Dioniso e dei satiri.

Tomba a cista = tomba a forma di lunga cassa.

Wadi = termine arabo che indica il letto di un corso d'acqua e, per estensione, il corso d'acqua stesso.

BIBLIOGRAFIA

Abel 1903a, F.-M. Abel, "Inscriptions grecques de Bersabée", in *Revue Biblique* 12 (1903), pp. 425-430.

Abel 1903b, F.-M. Abel, "La grotte de Moueileh", in *Revue Biblique* 12 (1903), pp. 600-602.

Alt 1921, A. Alt, *Die griechische Inschriften der Palästina Tertia westlich der Araba*, Leipzig-Berlin 1921.

Anati 1979, E. Anati, *L'arte rupestre del Negev e del Sinai*, Milano 1979.

Avi-Yonah 1981, M. Avi-Yonah, *Art in Ancient Palestine*, Jerusalem 1981.

Bagatti 1983, B. Bagatti, *Antichi villaggi cristiani di Giudea e Neghev*, Jerusalem 1983.

Baumgarten 1986, Y. Baumagarten, "Mitzpe Shivta", in A. Segal, *Shivta, Aspects of a Byzantine Town in the Negev*, Haifa 1986, pp. 97-108.

Casson-Hettich 1950, L. Casson e E.L. Hettich, *Excavations at Nessana*, vol. 2, Literary Papyri, Princeton 1950.

Colt 1962, H.D. Colt, *Excavations at Nessana (Auja Hafir, Palestine)*, vol. 1, London 1962.

Cuscito 1979, G. Cuscito, *Die frühchristlichen Basiliken von Grado*, Bologna 1979.

Davies-Magness 2007, G. Davies e J. Magness, "The Roman Fort at Yotvata, 2006", in *Israel Exploration Journal* 57 (2007), pp. 106-114.

Figueras 1979, P. Figueras, "The Roman-Byzantine Period", in Y. Gradus e E. Stern (a cura di), *Beersheva*, Jerusalem 1979, pp. 39-52 (in ebraico) (versione inglese riveduta in Figueras 1980).

Figueras 1980, P. Figueras, "Beersheva in the Roman-Byzantine Period", in *Boletín de la Asociación Española de Orientalistas* 16 (1980), pp. 135-162.

Figueras 1985, P. Figueras, *Byzantine Inscriptions from Beer Sheva and the Negev*, Beersheva 1985.

Figueras 1986, P. Figueras, "Three Dedicatory Inscriptions from the Beersheva Region", in *Liber Annuus* 36 (1986), pp. 265-276.

Figueras 1995, P. Figueras, "Monks and Monasteries in the Negev Desert", in *Liber Annuus* 45 (1995), pp. 401-450.

Figueras 1996, "New Greek Inscriptions from the Negev," in *Liber Annuus* 46 (1996), pp. 265-284, pls. 5-6.

Figueras 1997, P. Figueras, "Church inscriptions", in E.M. Meyers (a cura di), *The Oxford Encyclopedia of Archaeology in the Near East*, vol. 2, New York-Oxford 1997.

Figueras 2000, P. Figueras, "Una cohorte hispana en el desierto del Néguev. A la luz de un hallazgo reciente", in *Archivo Español de Arqueología* 73 (2000), pp. 273-278.

Figueras 2004a, P. Figueras, "Greek Inscriptions from Nessana", in Urman 2004, pp. 222-242.

Figueras 2004b, P. Figueras (a cura di), *Horvat Karkur 'Illit – A Byzantine Cemetery Church in the Northern Negev*, Beersheva 2004.

Figueras 2006, P. Figueras, "Vaulted Headstones in Ancient Christian Tombs in Palestine. Typology and Symbolism", in R. Harreither et al. (a cura di), *Acta Congressus Internationalis XIV Archaelogiae Christianae*, Città del Vaticano-Wien 2006, pp. 361-366.

Figueras 2006/2007, P. Figueras, "Remains of a Mural Painting of the Transfiguration in the Southern Church of Sobata (Shivta)", in *Aram* 18-19 (2006-2007), pp. 127-151.

Fritz-Kempinski 1983, V. Fritz e A. Kempinski, *Ergebinsse der Ausgrabungen auf der Hirbet el-Msas (Tel Masos) 1972-1975*, 3 voll., Wiesbaden 1983.

Glueck 1959, N. Glueck, *Rivers in the Desert, A History of the Negev*, Toronto-New York 1959.

Glueck 1965, N. Glueck, *Deities and Dolphins, The Story of the Nabataeans*, New York 1965.

Govrin 1991, Y. Govrin, *Map of Nahal Yattir* (Archaeological Survey of Israel, 139), Jerusalem 1991.

Govrin 1993, Y. Govrin, "Tel Qerayot 1991", in *Archaeological News* 100 (1993).

Jaussen-Savignac-Vincent 1904, A. Jaussen, R. Savignac, A H. Vincent, "Abdeh", in *Revue Biblique* 1 (NS) (1904), pp. 403-424.

Kirk 1938, G.E. Kirk, "Three Greek inscriptions from the Southern Desert", in *The Palestine Exploration Quarterly* 70 (1938), pp. 236-239.

Kirk-Gignoux 1996, G.E. Kirk e Ph. Gignoux, "Greek Funerary Inscriptions from Elusa", in '*Atiqot* 28 (1996), pp. 171-192.

Kraemer 1958, C.J. Kraemer, *Excavations at Nessana*, vol. 3, The Non-Literary Papyri, Princeton 1958.

Lagrange 1897, F.M. Lagrange, "De 'Ain Kseimeh à Gaza, Chronique IV", in *Revue Biblique* 6 (1897), pp. 613-618.

Levy 1996, U. Levy, *Die Nabatäer, Versunkene Kultur am Rande des Heiligen Landes*, Stuttgart 1996.

Meshel-Sass 1974, Z. Meshel e B. Sass, "Hurvat Bodeda", in *Israel Exploration Journal* 24 (1974), pp. 184-285, pl. 55 F.

Meshel-Tsafrir (s.a.), Z. Meshel e Y. Tsafrir, *Seqer archeologi b´ein ´avdat* ["Ricognizione archeologica a 'Ein 'Avdat"], Midreshet Sde Boqer (s.a.) (ebraico).

Monelli 2004, A. Monelli, "Mosaic Floors", in Figueras 2004b, pp. 81-87.

Moran-Palmach 1985, A. Moran e D. Palmach, *Borot hamaim behar hanegev* ["Cisterne nelle montagne del Negev"], Midreshet Sde Boqer 1985 (ebraico).

Negev 1981, A. Negev, *The Greek Insriptions from the Negev*, Jerusalem 1981.

Negev 1983, A. Negev, *Masters of the Desert. The Story of the Nabateans*, Jerusalem 1983 (ebraico).

Negev 1988, A. Negev, *´Arei hanabatim banegev* ["Città nabatee del Negev"] (*Ariel* 62-63), Jerusalem 1988 (ebraico).

Ovadiah 1970, A. Ovadiah, *Corpus of the Byzantine Churches in the Holy Land*, Bonn 1970.

Ovadiah 2002, A. Ovadiah, *Art and Archaeology in Israel and Neighbouring Countries: Antiquity and Late Antiquity*, London 2002.

Parker 1998, S.T. Parker, "An Early Church: Perhaps the Oldest in the World Found at Aqaba", in *Near Eastern Archaeology* 61 (1998), p. 245.

Patrich 1990, J. Patrich, *The Formation of Nabatean Art-Prohibition of a Graven Image Among the Nabateans*, Jerusalem-New York-Köln 1990.

Segal 1983, A. Segal, *Aspects of a Byzantine Town in the Negev*, Haifa 1986.

Segal 1988, A. Segal, *Architectural Decoration in Byzantine Shivta, Negev Desert, Israel*, Oxford 1988.

Shereshevski 1991, J. Shereshevski, *Byzantine Urban Settlements in the Negev Desert*, Beersheva 1991.

Tepper-Di Segni 2006, Y. Tepper e L. Di Segni, A *Christian Prayer Hall of the Third Century CE at Kefar 'Othnay (Legio)*, Jerusalem 2006.

Tsafrir 1988, Y. Tsafrir (a cura di), *Excavations at Rehovoth-in the-Negev*, vol. 1, The Northern Church, Jerusalem 1988.

Tsafrir 1993, Y. Tsafrir (a cura di), *Ancient Churches Revealed*, Jerusalem 1993.

Urman 2004, D. Urman (a cura di), *Nessana, Excavations and Studies*, I, Beersheva 2004.

Ustinova-Figueras 1996, Y. Ustinova e P. Figueras, "A New Greek Funerary Inscriptions from Be'er Sheva," in *'Atiqot* 28 (1996), pp. 167-170.

Wilkinson 1977, J. Wilkinson, *Jerusalem Pilgrims Before the Crusades*, Jerusalem 1977.

Woolley-Lawrence 1914, C.L. Woolley e T.E. Lawrence, *The Wilderness of Zin*, London 1914-1915.

CREDITI FOTOGRAFICI

Abel 1903a: fig. 142.

Abel 1903b: fig. 208.

Anati 1979: fig. 210.

Autorità Israeliana per le Antichità: fig. 96.

Avi-Yonah 1981: figg. 141, 147.

Bagatti 1983: figg. 16, 38, 89, 177, 193.

Baumgarten 1986: figg. 186, 189.

Casson-Hettich 1950: fig. 115.

Colt 1962: figg. 100, 104-107, 110-114, 118.

Cuscito 1979: fig. 19.

Davies-Magness 2007: figg. 213, 214.

Figueras N.: figg. 4, 11.

Figueras P.: figg. 10, 17, 18, 33, 36, 41, 43, 45, 50, 51, 53, 55-58, 66, 67, 68, 81-86, 88, 150, 152, 156, 157, 160, 166, 180, 185, 188, 190-192, 194-196, 200, 201, 206, 211, 216.

Figueras 1979: figg. 143, 144, 148 (R. Cohen), 149, 151.

Figueras 1995: fig. 119.

Figueras 1997: fig. 150.

Figueras 2000: fig. 9.

Figueras 2004a: figg. 121, 122, 132, 140.

Figueras 2004b: figg. 153, 158, 159, 161, 162, 164, 165, 167-174.

Figueras 2006: fig. 163.

Figueras 2006/2007: fig. 49.

Fritz-Kempinski 1983: figg. 175, 176.

Glueck 1965: figg. 2, 3, 12, 13, 65.

Govrin 1991: figg. 182-184, 203-205.

Govrin 1993: figg. 214, 215.

Jaussen-Savignac-Vincent 1904: figg. 7, 28.

Kirk 1938: fig. 212.

Kirk-Gignoux 1996: fig. 22.

Kraemer 1958: figg. 116, 117.

Lagrange 1897: fig. 103.

Levy 1996: figg. 5, 23.

Meshel-Sass 1974: fig. 209.

Meshel-Tsafrir (s.a.): fig. 42.

Monelli 2004: fig. 158.

Moran-Palmach 1985: fig. 24.

Negev 1981: figg. 32, 34, 39, 40, 44, 54, 59-62, 78.

Negev 1983: fig. 6.

Negev 1988: figg. 20, 25-27, 29, 31, 35, 37, 69, 71-75, 79, 80, 87, 90, 99, 102.

Ovadiah 1970: fig. 181.

Ovadiah 2002: fig. 179.

Segal 1988: figg. 52, 65.

Shereshevski 1991: figg. 76, 92, 98, 99.

Shukron E.: fig. 187.

Sokolovskaia H.: figg. 49, 153.

Tepper-Di Segni 2006: fig. 14 (N. Davidov).

Tsafrir 1988: figg. 95, 96.

Tsafrir 1993: figg. 91 (L. Ritmayer), 93, 94, 98.

Urman 2004: figg. 101, 108 (L. Ritmayer), 109, 120, 124, 125 (L. Ritmayer), 126-131, 133-139.

Vogel A.: fig. 154.

Wilkinson 1977: figg. 15, 70.

Woolley-Lawrence 1914: figg. 21, 63, 97, 123, 145, 146.